薩伊德

Edward W. Said

朱剛／著

編輯委員：李英明　孟樊　陳學明
龍協濤　楊大春

出版緣起

　　二十世紀尤其是戰後，是西方思想界豐富多變的時期，標誌人類文明的進化發展，其對於我們應該具有相當程度的啓蒙作用；抓住當代西方思想的演變脈絡以及核心內容，應該是昂揚我們當代意識的重要工作。孟樊兄以及浙江大學楊大春教授基於這樣的一種體認，決定企劃出一套「當代大師系列」。

　　從八〇年代以來，台灣知識界相當努力地引介「近代」和「現代」的思想家，對於知識份子和一般民眾起了相當程度的啓蒙作用。

　　這套「當代大師系列」的企劃以及落實

出版，承繼了先前知識界的努力基礎，希望能藉這一系列的入門性介紹書，再掀起知識啓蒙的熱潮。

孟樊兄與楊大春敎授在一股知識熱忱的驅動下，花了不少時間，熱忱謹愼地挑選當代思想家，排列了出版的先後順序，並且很快獲得生智文化事業公司葉忠賢先生的支持；因而能夠順利出版此系列叢書。

本系列叢書的作者網羅有兩岸學者專家以及海內外華人，爲華人學界的合作樹立了典範。

此一系列書的企劃編輯原則如下：

1. 每書字數大約在七、八萬字左右，對每位思想家的思想進行有系統、分章節的評介。字數的限定主要是因爲這套書是介紹性質的書，而且爲了讓讀者能方便攜帶閱讀，提昇我們社會的閱讀氣氛水準。

2. 這套書名爲「當代大師系列」，其中

所謂「大師」是指開創一代學派或具有承先啓後歷史意涵的思想家，以及思想理論具有相當獨特性且自成一格者。對於這些思想家的理論思想介紹，除了要符合其內在邏輯機制之外，更要透過我們的文字語言，化解語言和思考模式的隔閡，爲我們的意識結構注入新的因素。

3. 這套書之所以限定在「當代」重要的思想家，主要是從八〇年代以來，台灣知識界已對近現代的思想家，如韋伯、尼采和馬克思等先後都有專書討論。而在限定「當代」範疇的同時，我們基本上是先挑台灣未做過的或做的不是很完整的思想家，作爲我們優先撰稿出版的對象。

另外，本系列書的企劃編輯群，除了包括上述的孟樊先生、楊大春敎授外，尙包括筆者本人、陳學明敎授和龍協濤敎授等五位

先生。其中孟樊先生向來對文化學術有相當熱忱的關懷，並且具有非常豐富的文化出版經驗以及學術功力，著有《台灣文學輕批評》（揚智文化公司出版）、《當代台灣新詩理論》（揚智文化公司出版）、《大法官會議研究》等著作；楊大春教授是浙江杭州大學哲學博士，目前任教於浙大，專長西方當代哲學，著有《解構理論》（揚智文化公司出版）、《德希達》（生智文化事業出版）、《後結構主義》（揚智文化公司出版）等書；筆者本人目前任教於政大東亞所，著有《馬克思社會衝突論》、《晚期馬克思主義》（揚智文化公司出版）、《中國大陸學》（揚智文化公司出版）、《中共研究方法論》（揚智文化公司出版）等書；陳學明是復旦大學哲學系教授、中國國外馬克思主義研究會副會長，著有《現代資本主義的命運》、《哈貝馬斯「晚期資本主義論」述評》、《性革命》（揚智文化公司出版）、《新左派》（揚智文化公司出版）等

書；龍協濤教授現任北大學報編審及主任，並任北大中文系教授，專長比較文學及接受美學理論。

這套書的問世最重要的還是因爲獲得生智文化事業公司總經理葉忠賢先生的支持，我們非常感謝他對思想啓蒙工作所作出的貢獻。還望社會各界惠予批評指正。

李英明

序於台北

序言

　　進入八○年代，歐美批評理論越發顯得活躍。老的批評流派如西方馬克思主義、心理分析、女權主義，在新一代批評家的介入下獲得新的發展，各家新潮理論之間相互借鏡，相互融匯，使得標籤的使用更加困難：理論家不再被冠以某某主義者來加以區分，而只能說他／她更多地使用某種主義。在這種情況下，出現了涵蓋面更加廣泛的術語，如「後現代主義」、「後結構主義」、「文化研究」等，而最新的理論時尚當屬「後殖民主義」批評理論了。同樣，後殖民理論還不是傳統意義上的一種完全標新立異的學說。它大量汲取了後結構主義、後現代主義、

文化研究中的各家之見，因此也有人把它算做以上理論思潮的一個分支。但後殖民理論又有與各家不盡相同的理論視角、方法論與認識論基礎，以及理論觀照領域，而且正因為如此纔引起近十年理論界的「後殖民熱」。後殖民理論現在已不限於歐美理論界，其影響和反響已波及廣大的前殖民地區和第三世界國家學術界，產生出形形色色的「後殖民理論」。但這些理論的源頭還是極少數的歐美理論權威，最重要的就是薩伊德。

　　薩伊德的學說有個明顯的特徵：既極有理論深度，又大量涉及現實政治，是較典型的「理論結合實際」。它的優點是涵蓋廣、影響大，但也給本書的撰寫增添了不少困難：要理解薩伊德，必須要對和他有關的眾多思潮進行理論上的闡釋，同時還要論及當代的東西方政治及兩種文化、文明歷史的長期衝突。本書力爭在較大的歷史視野中觀照薩伊德，同時又從他的具體著作入手以顯現

他的理論特點，希望讀者能比較全面地了
解，評判他的後殖民理論。此外，本書最後
一章討論了薩伊德理論對我們的實際意義，
旨在拋磚引玉，因爲該章中使用的材料主要
取自大陸，企盼台灣及港澳的學者能對各自
的情況做出分析。

在本書的寫作過程中作者得到了各方的
幫助。約翰・霍普金斯大學──南京大學「美
中文化研究中心」圖書館爲作者提供了極大
的便利；南京大學外國語學院劉海平教授、
王守仁教授在學術上給予了及時指點，在工
作安排上給予多方照顧；揚智出版公司的葉
忠賢先生，本系列叢書的主編孟樊先生，以
及賴筱彌小姐，自始至終給予作者以鼓勵和
關心；中研院歐美所單德興博士餽贈的近作
也使作者獲益匪淺；內子楊曉明女士除了在
生活上給予支持之外，還承擔了本書的資料
整理及大部分的書稿謄寫工作。沒有以上的
支持，本書不會順利完成，作者僅在此致以
衷心的感謝。此外，由於教學、行政工作繁

忙，本書的交稿日期一拖再拖，作者也向揚
智、生智出版公司的耐心與理解表示感謝。
最後，請各位專家學者對本書中的疏漏失誤
之處多予以指正。

朱剛

於南京大學

目　錄

第一章
薩伊德生平、著作及
其理論概覽

一、薩伊德的生平與著作

薩伊德（Edward W. Said）（大陸學術界譯為「賽義德」，以體現他的阿拉伯伊斯蘭裔身份）一九三五年十一月一日出生於巴勒斯坦的耶路撒冷（Jerusalem）一個有產階級家庭。少年時代在殖民地耶路撒冷和開羅的西方學校受到良好的教育，一九五四年赴美求學，一九五七年在普林斯頓大學獲文學學士學位，一九六○、一九六四年分別獲得哈佛大學文學碩士、博士學位。其間曾在哈佛做過文學、歷史學的助教，畢業後在哥倫比亞大學任教，從講師、助教直至比較文學、人文學教授，一九八九年獲得榮譽極高的「大學教授」（University Professor）職位。

薩伊德是位知識淵博的學者，學識涉獵

音樂、歷史、哲學等多個領域，但文學批評
和文化研究尤爲引人注目。除了大量單篇論
文外，他還著有專著十餘部，構成了獨特的
學術研究領域，奠定了巨大的學術影響。博
士畢業後不久，他的博士論文即在著名的哈
佛大學出版社出版（《約瑟夫‧康拉德及自
傳體小說》，*Joseph Conrad and the Fic-
tion of Autobiography,* 1966），用現象學的
方法，透過康拉德不爲人注意的私人信件來
揭示他對世界、人生的看法，並由此分析這
種世界觀在作者短篇小說中的反映。從七〇
年代後期開始，薩伊德逐漸把文學作品這個
小文本和現代社會這個大文本聯繫在一起，
正如他在《世界、文本、批評家》（*The
World, the Text, and the Critic,* 1983）一
書中所明示的：文學文本只是書寫文本的一
小部分，而所有書寫文本都和現實社會有千
絲萬縷的聯繫，作爲文本的書寫者，批評家
有責任、有義務對人類的生存狀況做出反
應。近十餘年間，他撰寫了幾部重要著作，

集中闡述了對世界焦點問題的看法。《東方主義》（_Orientalism_, 1979）旨在揭穿幾百年來由西方話語杜撰出的有關東方的神話；《巴勒斯坦問題》（_The Question of Palestine_, 1980）、《對伊斯蘭的報導》（_Covering Islam_, 1981）則以巴勒斯坦、以色列的民族衝突和西方媒介對伊斯蘭教徒的報導兩個具體問題入手，進一步說明「東方主義」是如何被西方的「東方學專家」們泡製出來並做爲事實加以宣揚的。《文化和帝國主義》（_Culture and Imperialism_, 1993）則更加深刻地顯示了近、現代西方帝國主義利用意識型態侵略和文化滲透對「後殖民」時代的第三世界人民進行精神統治。薩伊德當然不是對以上問題進行議論的第一人，他的重要性在於他所依賴的方法論，這個方法論集中表現在《起始》（_Beginnings_, 1975）與《知識分子的再現》（_Representations of the Intellectual_, 1994）兩部著作中，形成了一整套獨特的後殖民批評理論，

使他得以躋身美國學術界重要地位，在美國
及世界各地產生了重要的影響。

二、薩伊德的理論研究特色

　　薩伊德的批評理論之所以能在當代眾多
理論思潮中倍受矚目，形成繼後結構主義、
文化研究之後的重要批評流派，主要因為他
的理論既順應了當代西方人文思潮的最新發
展，又帶有鮮明的理論特色。

　　首先，薩伊德自覺地向後現代美國文壇
的「新」政治批評靠攏。以批評的政治性為
標準，當代英美批評可以大致劃分成三個部
分。以從二十年代起逐漸占據英美批評首席
的新批評為代表的英美批評主流，主要是非
政治批評，至六〇年代出現的諸如結構主義
批評、現象學批評、文學闡釋學、神話原型
批評、精神分析，甚至是接受美學與讀者反

應批評，歸根到底都把文學文本作為主要的研究對象，避開社會歷史境況、作者的政治觀點，或其他非文學文本對作品的影響，陷於「語言的牢籠」之中。但在形式主義占統治的半個世紀中，仍有評論家在從事傳統意義上的政治批評。他們繼承亞里士多德（Aristotle）、賀拉斯（Horace）直至斯威夫特（J. Swift）、雪萊（P. B. Shelley）的「文以載道」的批評傳統，比較注重作品的政治背景、歷史語境及作家的政治態度。但「同新批評……一樣，傳統政治批評並不觸及實際的社會政治生活，可以說與正統秩序並行不悖。**（參考書目 29，p.126）**」與此相反的，就是當代的「新」政治批評，包括女權主義、西方馬克思主義、當代精神分析、新歷史主義、文化研究等，研究的對象是為正統思想所不容或官方話語所淹沒的各種社會文化現象，突出了階級、抗爭、反權威、懷疑的主題，是當代歐美思想界的主流。薩伊德的後殖民理論兼容並蓄了「新」政治批評

的各種話語，理論上的新潮傾向十分明顯。

　　但是，薩伊德卻並不滿足於「新」政治批評，而要「超越」一切現有的批評理論（同上，p.2）。他把專門論述自己的方法論的著作起名為《起始》，就暗示了他要突破現有理論模式，標新立異的打算。他在六、七〇年代曾讚賞當時十分新潮的解構主義，認為從研究目標各個層面的差異入手是十分有效的研究方法：研究就是要「產生差異」，這種差異是西方形而上的邏各斯傳統所無法解釋的，卻代表了研究客體文化語言最深層的內涵。和解構主義一樣，薩伊德對差異的討論也是在理論／話語的層面上展開的，但他更加注重的卻是理論與實踐的相互結合：

　　　我‧所關注的起始既是思維的產物，也是
　　　行為的結果，這兩者並不總是相隨相
　　　伴，但只要語言出現，它們必不可分離。

　　也就是說，薩伊德關注的是書面語言，及由該語言所引起的各種行為後果。他並不

贊同解構主義及後來的新歷史主義把批評目標只局限於文本層面的做法，更反對前者遊戲文字，虛無頹廢的傾向，明確表明自己的理論既有「能使功能」，且根殖於歷史之中，研究的目標是「社會中的寫作」，因為它不再局限於書本本身，而是把目光投向了整個社會、歷史和生活在其中的活生生的人。這種研究方法的更新具有突破性的意義：後現代顛覆理論一旦從話語的束縛中解脫出來，和實際政治聯繫在一起，就會達到新的批判力度與廣度，這也是為什麼薩伊德和他的理論會引起如此關注的主要原因。從這個角度看，薩伊德下面這段有關研究方法的說明就具有一種與眾不同的意義：

> 首先確立一個問題。……然後選擇出一組與這個問題相關的獨特的論題、事例與證據，再找出適合處理本問題的理論、概念語言，把問題放入儘可能廣闊、恰當的現代指涉框架之中，最後在過程

中不斷總結、調整、改變問題：藉此對
當代批評理論做出新的貢獻（**參考書
目 30**，pp.xvii,xiv,xii,3）。

三、薩伊德的特殊身份

　　以薩伊德爲代表的後殖民批評理論成爲
繼後現代主義之後的又一個理論熱點，在當
代西方批評思潮中佔據了突出地位，這並非
純屬偶然。三十年前薩伊德在論康拉德的著
作中已經大量涉及到後殖民主義研究中的種
種現象，但在隨後的二十年中並沒有形成大
的影響。它的先冷後熱固然與後現代主義的
經久不衰和近代「新」政治批評與文化研究
的興起有關，卻也歸之於薩伊德本人的特殊
身份和經歷。

　　首先，薩伊德一再聲稱，自己的政治身

份是巴勒斯坦後裔。兩種文化間的相互交流下，常見的情形是：弱小民族對強盛民族文化的態度是學習、肯定性質的，目的是加快自我的發展；而強盛民族對弱小民族文化的研究則是否定性的，目的是爲了鞏固自己的統治地位（**參考書目 28，pp.129－30**）。當然，對強盛民族的文化並非不能批判否定，例如各種後結構主義思潮對西方傳統的反思就對西方文明做了極有深度的批判，但這種批判只是西方文化對自身的反省。第二次世界大戰以後第三世界對西方文明也提出過各種質疑與挑戰，但這種挑戰遭到占統治地位的西方話語成功的壓制，並沒取得實質效果。薩伊德這種自下而上的挑戰卻震動了西方文化，自然引起第三世界（尤其是中東地區）的歡呼。但薩伊德的成功卻來自他隸屬第一世界的文化身份。他雖是巴勒斯坦後裔，卻一直受到良好的西方教育，熟悉西方的文化傳統，尤其是深諳西方的理論話語，且在西方制度中佔有一席之地。這種雙重身份對薩

伊德至關重要。因爲他一直認爲只有出生於
殖民地、熟知殖民地與帝國主義兩套話語的
殖民地知識分子，纔最適合改造帝國主義文
化，打破帝國主義傳統（**參考書目 31，pp.
293－4**）。這實際上是解構主義的立場：旣
超然於結構之外，不受結構的約束，又鑽入
結構內部，達到顛覆結構的目的。這種立場
被另一後殖民批評家史碧娃克（G.
Spivak）叫做「譴責的位置」（accusing
position）（**參考書目 35，p.281**），而薩伊德
就把它定位於「旣同屬兩個地界，又不屬其
中任何一個」的位置上。

　　由於這個特殊的身分，纔使薩伊德從六
〇年代步入文學研究時就具有與衆不同的特
點。

第二章
薩伊德的文學研究

薩伊德起步於文學，逐漸轉向文化批
評，但和當代許多文化批評家（如詹明信
〔F. Jameson〕、史碧娃克）一樣，文學研
究一直是他整個研究的根基。這不僅因為文
學是文化最重要的組成部分，而且文學這個
理論話語最基本的書寫形式是意識型態集中
的表現，從文學切入文化，是研究文化簡便
有效的方法。

一、擺脫形式主義的束縛

薩伊德的博士論文及第一部重要的理論
專著所研究的都是英國小說家康拉德，時間
是五〇年代後期至六〇年代中期。在西方文
學批評史上，這個時期統治英美批評界達半
個世紀之久的英美新批評雖然已是強弩之
末，結構主義、神話原型批評、女權主義等
正開始對它進行討伐，但此時形式主義仍然

主導著批評界，文學理論新話語的主要任務
仍然是打破形式主義的樊籬。

　　從艾略特（T. S. Eliot）和瑞恰慈（I.
A. Richards）的早期論述算起，新批評始於
二〇年代前後，頂峯時期則是四〇年代，標
誌新批評經典的兩篇「反謬誤」即發表於四
〇年代後期。在《論意圖謬誤》（*The
Intentional Fallacy,* 1946）中，維姆薩特
（W. K. Wimsatt）與比爾茲列（M.C.
Beardsley）對所謂的「作者意圖」展開了
猛烈的攻擊：「它始於妄圖從作品的心理原
因中獲取批評的標準，終於作者的生平傳記
與相對主義」。他們主張，作者的生活經歷、
世界觀、及寫作意圖對作品研究沒有任何關
係，把它們作為評判的標準只能嚴重扭曲作
品的意義，甚至導致作品本身的消失。他們
尤其反對使用作者的傳記材料，認為從傳記
中尋找作品意義是十分危險的（**參考書目
20，pp.345，339**）。

　　薩伊德並沒有直接介入與形式主義的紛

爭中，但他在哈佛的博士研究卻是對形式主
義「意圖謬誤」的匡正。他從很少爲人注意
的康拉德私人信件入手，分析信件中反映的
康拉德對人生、社會、政治、生活不斷變化
的態度、看法，並將這些主觀看法和康氏的
短篇小說相聯繫，細緻、透徹地討論前者對
小說風格、人物、事件、敍事的影響，使被
形式主義棄之不用的作者自傳材料成了小說
詮釋的有力工具。這種方法其實是當時正逐
漸引人注意的「現象學」批評方法，把關注
的重點放在作者意識（主體）、意識對象
（客體）及雙方的相互交流、影響上，而這
裡的客體就是康拉德生活、寫作的歷史境況
以及在此境況下完成的文學作品，從而使文
學文本與社會實現了溝通。因此，薩伊德的
博士論文被美國解構大家米勒（J. Hillis
Miller）稱爲對康拉德觀點「最全面最令人
滿意」的研究之一。

　　康拉德是本世紀初的英國小說家，曾在
英國商船隊做過水手、船長，在海上生活達

二十年，到過南美、北洲、東南亞，他的小說、回憶錄、政論、書信也多以歐、亞大陸的親身體驗爲背景，描寫身處特殊環境中的異常人物，揭示他們沉重的心理負擔和孤僻的性格，尤其擅長表現人物的無意識心理活動，因此常被稱爲「無意識」或「神秘」小說。薩伊德的基本論點是：康拉德的思想不僅表現在小說中，更直接反映在他一生中寫下的大量信件裡，信中反覆出現的一些意象、見解、手法、甚至行文風格也大量出現在他的文學作品中，他在書信中思考的問題同樣也是他的小說的主題，因爲兩者的共同泉源是康拉德本人的生活經歷，並且和一戰前後歐洲思潮的轉變也有密切的聯繫，所以康拉德實際上並不神秘，而是一位嚴肅的、有意識進行思考的作家 **（參考書目 24，pp.viii-ix）**。

　　康拉德一戰前的書信表現出他對世界前途的悲觀失望，認爲當時的歐洲社會腐敗，道德淪喪，並將這歸之於統治者無度的佔有

慾望與獨裁政治。儘管他公開表示過不問政治，但在書信中卻對時局極爲關心，想透過自己的努力，用實際行爲和「完整的胸懷」來容納周圍混亂的社會現實，歸整由此產生的支離破碎的體驗，使之恢復某種秩序。這種思想表露在他寫給姑母波拉多斯卡的信中：「生活的每一個舉止都是最終的，會產生不可避免的後果，不管那些懼怕面對自己行爲後果的弱者會如何嚎啕大哭。就我而言，我從不會因爲自己的行爲而需要旁人的安慰，因爲我足以判斷自己的良心，不需要那些正統的傢伙來勸我做良心的奴隸。（**同上，p.20**）。」正是在這種心態的支配下他完成了自己的初期文學創作，而揭示這種創作心態對了解被評論家稱爲「深淵中的漫步」的這段思想藝術的探索階段，對解讀這個時期康拉德的作品，無疑是十分重要的。

康拉德這段時期最成功的作品就是小說《黑暗的心》（*Heart of Darkness*）描寫船長馬洛指揮一艘汽船沿剛果河深入非洲，

一路上不斷聽到當地人關於一個名叫庫爾茲
的白人的傳說，他爲了「拯救」愚昧的非洲
土人，來到原始部落，作爲「文明世界」的
代表而被奉若神明，尊爲領袖，但當馬洛歷
經艱辛終於在非洲腹地見到他時，這位比利
時商人已經喪失了早先的理想而沉緬於最荒
淫落後的土著生活中，而且當馬洛最終發現
自己內心深處竟然與這位惡棍有某些相通
時，小說揭示出人的內心黑暗的一面。如果
僅憑作品本身，或者把它作爲康拉德本人剛
果河水手生活的記錄，都不足以顯示康拉德
對人性思考的深度。但是他在小說發表的同
一年寫給親友的信中卻清楚地表明了這一
點：

> 天哪！你想要改造的不是社會制度，而
> 是人的本性，你的信仰絕撼不動這座大
> 山。這並非因爲我認爲人生來邪惡，而
> 是人本性愚昧懦弱，並由此滋生出萬般
> 罪惡，尤其是我們文明的殘酷，但沒有

它人類就會消失。勸惡從善確實不是什麼大不了的事，但是你能說服人類放下劍與盾嗎？……不可能，我就屬於邪惡的一類，我們都屬於它 **（同上，p.33）**。

在這段時期的書信裡，康拉德把人類生存比作一台巨大的編織機，人在其中儘管可以生出種種幻想，最終總無法擺脫現實的控制，免不了要承受巨大的痛苦、絕望、死亡。從這個角度來理解《黑暗的心》，當然能更好地把握它的深層含義。

二、擺脫文本化的束縛

隨著六○年代西方馬克思主義、女權主義、讀者批評 (reader-oriented criticism) 的興起，以英美新批評為代表的形式主義批評方法退出了批評主流，但是拘泥於文本白

紙黑字的批評思想卻保留了下來，並以各種
方式得到體現。自七〇年代起，以後結構主
義爲代表的理論主流所倡導的「文本化」觀
點就是一例，有關薩伊德與後結構主義的理
論分歧將留待下一章專門論述，在這裡我們
僅就他在文本分析中對文本化傾向的突破做
一點說明。

　　「文本化」（textuality）是文學解構
主義的基石，被解構批評家冠以各種稱謂使
用在文本分析中。如美國解構主義的主要代
表米勒就把它稱作「修辭性」（rhetor-
icity），指的仍然是文本性或德希達所稱的
「差異性」（différance）：語言符號和它
的指涉（reference）之間存在不可消除的
差異，這種差異構成了符號的本質，使它具
有「修辭性」，而由於世界萬物皆產生於符
號的指涉作用，於「修辭性」便成了解構家
們所鍾愛的「非中心化」力量，造成意義的
彌散、不確定**（參考書目 19，pp.274－5）**。以
下面這首詩爲例：

沙子，今日睡在海灘

明日臥在大海的懷裡，

承受著大海的撫摸：

今天屬於太陽，明日又受海的垂青。

你溫柔地順從於

撫摸著你的手

但第一陣求愛的風一吹

你便隨它而去。

純潔、無常的沙子，

多變、清澈的愛人，

我要你成為我的，

把你緊緊貼在胸前和心中。

可是你隨浪、隨風、隨太陽而去，

我又身只影單，

只能面向掠走她的海風，

注視著遠方的大海

她在綠色的庇護下享受著綠色的愛。

　　用新批評的方法分析這首詩，很容易得

出其中的主要意象，顯示出其中的「張力」

與「反諷」，及由此構成的玄學程式。但用
「修辭性」一分析，便可以顯示出詩中暗含
的各種相互抵觸之處（如過分誇張的比喻，
怪誕的心態，過於做作的嘆息）**（參考書目
4，pp.169－73）**。這些都是新批評所無法解釋
的，也是「修辭性」的意義所在：詩中只存
在迷宮般的意義羣，或米勒所稱的「意義深
淵」。

　　薩伊德當然是讚賞解構方法的，但他對
「文本性」、「修辭性」卻有保留。首先，
讓符號的指涉只游離於符號之間，則越反傳
統就越走近形式主義的死胡同。其次，把意
義只局限於文本之內，也只反映出批評的
「清高超脫」，與形式主義並無二致**（參考
書目30，p.xii）**。薩伊德所主張的文學批評，
首先是要有明確的實際功能（enabling），
其次要與社會政治密切聯繫（in his-
tory）。他選擇康拉德研究作為博士論文，除
了因為康拉德在英國小說史上地位重要之
外，至少還包括兩個原因，並且這兩個原因

成了他此後三十年理論批評的重要組成部
分。一是康拉德小說集中反映了東、西方的
政治關係，使得批評家可以直接把文學研究
和民族、種族等實際政治聯繫起來；二是康
拉德本人具有特殊的身份：他出身於波蘭貴
族，此後加入英國國籍，並在西方社會獲得
成功。這種雙重身份與薩伊德有相似之處，
使他們可以更客觀地批判審視西方對東方的
壓迫。薩伊德對這一點並沒有明說，但他選
擇康拉德絕不是偶然的。《黑暗的心》就直
接反映了西方對第三世界的意識型態統治與
經濟掠奪，表現了康拉德對老殖民主義的義
憤。船長馬洛就對帝國主義的侵略性質做過
尖銳的思考：「仔細想一想對土地的佔領
（這主要意味著把它從膚色與我們不同、鼻
樑比我們略低的人手中拿走）可不是什麼小
事，挽救它的是種觀念，它背後的一種觀念，
不是假惺惺的藉口而是觀念，以及對這個觀
念無私的信念──某種你可以奉獻的東西。
(同上，p.137)」這種把暴力化約成觀念，把

侵略、掠奪變成無私奉獻，正是康拉德對殖
民主義最深刻的反思。他在同期的書信中就
曾說，只要停止反思，人們就會盲目相信自
己的虛假推理，並把它做爲眞理，最終將眞
理等同於被自己拔高的自我形象。這種看法
也是薩伊德此後後殖民論述中的一個主要觀
點。

三、文本、批評家、世界

　　在文學文本（進而任何類型的書寫文
本）與人類社會這個大文本之間建立起密切
的聯繫，這不僅是對形式主義文本封閉論的
反動，也是對後結構主義「互文」理論
（intertextuality）的進一步發展。因爲薩
伊德一直認爲，「學術研究領域，甚至包括
最怪僻的藝術家的作品，都受到社會、受到
文化傳統、受到世間境況的制約與影響。（參

考書目 25，p.201）」和美國當代馬克思主義
批評家詹明信一樣，他把文本做為藝術家對
世界的能動反應，而不僅僅只是對世界的被
動反映。這種文本反應是以詮釋的形式表達
的，表達的內容則是人們的政治信仰，並最
終落實於人們在社會歷史中的實際表現和所
做所為**（參考書目 28，p.41）**。要把隱含在文
本深處的這種文本——世界的複雜關係揭示
出來，成了批評家義不容辭的責任。

　　當然，在當代西方文學批評中，在形式
主義已經聲名狼籍的今天，完全不顧文本和
世界的聯繫的批評家畢竟已不多見，但是像
後結構主義甚至文化研究那樣只埋頭在理論
話語裡尋找現實，也是對批評家作用的一種
曲解。薩伊德把當代文評所走的道路稱為
「功能主義」（functionalism），而把尚待
走的道路稱為「情境」（situational）批
評。功能主義批評家自然有不少功績：他們
從文本的內部結構入手，探討各部分的實際
功能，使文學討論不再流於空談。他們提煉

出一套專門的批評術語，使文學作品分析達
到了前所未有的理論高度。他們發展出整套
的批評方法論，使文學批評更具有系統性、
學術性。但是，功能主義的最大錯誤就是只
圍繞文本兜圈子，只見語言不見人，只談技
法不談文本的「物質性」（materiality），
學究氣太重，實際影響太小，結果文本仍然
是純粹審美的結果，而不是社會文化的產物
（參考書目 29，pp.144－52）。「情境」批評則
儘可能仔細地分析作品的枝節，先把作品作
爲藝術想像的產物，然後揭示文化與實際政
治的聯繫，並且勇於做出功能主義批評家所
迴避的價值判斷。再以康拉德爲例，他的小
說強烈表現出對帝國主義的義憤，其價值取
向毋庸置疑。但薩伊德同時也不迴避對這位
反帝小說家本人做出更深層次的價值評判：
他在反帝的同時也帶有帝國主義對第三世界
的偏見。他筆下的非洲大陸完全是一幅西方
殖民統治下的非洲大陸，換言之，若沒有西
方的殖民政策，非洲就根本不會存在，而殖

民地人民對殖民者的反抗只會從反面證實殖
民政策存在的合理性（**參考書目31**，pp.xix-
xxi）。對薩伊德來說，批評家的位置（loca-
tion）不只在書齋裡，而且在現實中；他不
僅體現學術，而且體現現實（worldli-
ness）。薩伊德把批評家比喻爲「化學轉化
劑」（alchemical translators），這使人想
起新批評的先驅艾略特著名的「催化劑」
說：批評家猶如白金，是氧氣與二氧化硫進
行反應所需的催化劑，雖然白金介入反應過
程，但始終「保持惰性、中性，不發生任何
變化」。薩伊德的批評家則本身包含了現
實，介入文本後把文本也轉化成現實，產生
的反應結果也是現實（**參考書目1**，p.786；
29，pp. 33－5），這纔是批評家的眞正職責。

第三章
薩伊德的批評理論

　　薩伊德早期的文學研究畢竟較短，而且在這段時間裡，他也還沒有自覺地形成完整的批評理論。隨著研究重心轉到文化領域，並且在較短的時間內完成了大量現在所稱的「後殖民」研究成果，他的批評思想脈絡漸漸清晰，理論體系也逐漸形成，並且具有了自己的特色。本章將對這個理論進行梳理，歸納它的主要論點，並對它做出比較、評價。

一、飄移理論（Traveling Theory）

　　薩伊德身居美國，在西方學術機構占據顯赫地位，從事的又是抽象的理論研究，這些都對他一再倡導的面對第三世界的實際批評豎起了一道道障礙。或許因為這個原委，他對自己職業的性質做過深刻的思考，這些思考是對薩氏理論最好的注釋。

　　薩伊德對「理論」（theory）這個詞是

懷有戒心的，因爲它意味著書齋的產物，實踐的對立面，並且來自於政治制度（institution），爲鞏固制度服務。正因爲如此，他不願稱自己的思想爲「理論」，而把它叫做「批評」（criticism）。和理論一樣，他對形形色色的「主義」也小心翼翼，至於「後殖民主義」主要是理論界爲了歸納總結他的思想而送給他的標籤，因爲大凡「主義」（-ism）一定是成形、固定的東西，並且帶有保守的一面（它總要維護自己的主張）。「批評」雖帶有「主義」的尾綴，卻並不特指固定的理論，而且詞彙criticize原意是「批判」、「責難」，這正是理論的主要功用，所以薩伊德樂於接受它。但是，薩伊德在這一點上有與解構主義者相似的難處：要對思想進行梳理、說明、闡釋，總要肯定它的意義、中心，及與他者的界線，這或許就是薩伊德把他的批評思想稱做飄移「理論」的緣故，以示這種理論在實質上與其他理論的不同。

　　顯然，這裡的區別就是「飄移」，這也是薩伊德對自己理論性質、特徵、作用的最簡潔的歸納。要飄移，首先要突破純理論的局限，打破理論封閉的小圈子，把它從書齋裡解放出來，脫離凌駕一切的精英地位，溶入現實生活中，產生「地域性」（locality）：

> 我認為必須區分理論和批判意識，後者具有空間感，能衡量理論是否定位在特定環境中，就是說必須同時把握理論和產生它的具體空間、時間，做為那個時間的一部分，對它做出反應，在其中發揮作用……我甚至可以這麼斷言：批評家的工作就是抵制理論，讓它進入歷史現實，進入社會，和人類的需要、利益相契合，對應於日常生活的具體現實；而這些現實現在卻被各種理論有意排擠出早已圈定的詮釋範圍**（參考書目 29，pp.241－2）**。

　　飄移使理論具有了地域特徵，有助於打破理論的「整合性」（integrity）神話。批評家們很願意聚在理論標籤之下，以職業性為由維護自己領域的特殊性，並自認為在這個領域中自己的理論無所不包，放之四海而皆準。其實在訊息爆炸、學科門類愈分愈細的今天，保持知識大而全的企圖只是一種幻想，即使在一個專門領域裡，也並存著無數叉枝旁道，有些甚至與主流思想格格不入，在這種情況下，只有使理論遊蕩在一個個局域區，纔能保持局部的合理性。例如，人們常把薩伊德的理論稱為「後殖民主義」，把他的研究領域定位在西方對東方的誤現上，這樣理解薩伊德，就是把他整合化了。且不說薩氏只是眾多談論後殖民理論話語者之一，即使他的後殖民話語也只針對中東少數幾個國家，涵蓋的也是有限的一段歷史時期。大陸有些學者硬把後殖民理論搬到並非殖民地的中國，結果往往誤讀了薩伊德。

　　中國有句成語：流水不腐，戶樞不蠹，

意思是經常運動的物體不容易受到侵蝕，這
也是薩伊德要理論不斷飄移的原因之一。首
先，只有飄移纔會使理論的生命得以延續。
薩伊德把理論的飄移過程分爲四個階段：發
源地、飄移、新的境況、新的發展（**同上，pp.**
226－7）。理論的產生受到發源地具體歷史
境況的制約，它所面對的問題，以及提出的
解決策略，都是針對這個初始境況的，固然
好的理論有普遍適用性，但若不問其他地區
的具體境況，理論就必然會陷於僵化並很快
死亡。即使在發源地，隨著時間的推移，新
的境況也會出現，理論如果仍然恪守舊法，
不去適應新的情況，也不可能發展下去。例
如，馬克思的無產階級革命學說是根據十九
世紀德國的歷史境況提出的，「飄移」到俄
國後，促成了俄國的十月革命，因爲列寧根
據俄國的境況改造了馬克思的理論，使它獲
得了新的發展，第一次實現了無產階級革命
在一個國家的成功。至於中國大陸的類似革
命，當然和德、俄又不同，所以是理論飄移

的另一個範例。另外，新的歷史境況爲理論
提供了新的養料，薩伊德稱爲「借鑒」
（borrowing），有助於它的繼續發展。理論
是在各種思潮衝撞較量中產生的，也只能在
吸收他人之見的環境下發展完善，離開借
鑒，理論的源頭就會枯竭，沒有創新，再好
的理論也會最終被遺棄。薩伊德舉了一個例
子：西方馬克思主義的先驅盧卡奇（G.
Lukacs）在《歷史與階級意識》中提出的
資本主義物化效果和無產階級階級意識理
論，依據的是二○年代資本主義的發展狀
況，尤其是匈牙利的狀況，而他的弟子高德
曼（L. Goldmann）五○年代在巴黎用這些
概念研究悲劇時，則改變了它們的內涵，因
爲指涉的對象成了文學，他本人也不是政治
活動家，而是從事學術研究的歷史學家，因
此這些飄移爲盧卡奇的理論增添了新的內
容。而威廉姆斯（R. Williams）八○年代在
英國劍橋再次談到盧卡奇和高德曼時，則因
時、域和需要的不同對這個舊理論又做了新

的闡述（同上，pp.233—41）。

此外，理論的飄移有助於打破資本主義的物化效果。物化（reification）觀來自盧卡奇的理論，而在此處的應用則是薩伊德「飄移」盧卡奇的結果。盧卡奇曾說，資本主義的特徵就是商品崇拜（commodity fetishism），把人世間的一切都變成支離破碎、「異化」了的商品，以服務於資本主義制度。薩伊德認為，理論如果不思變化，只會被動反映，則不免也會成為資本主義的一件商品，即使批判理論最終也是資本主義的工具。以盧卡奇為例，如果他不加區別地一味重複物化理論，這個理論就沒法發現、彌補本身的缺陷（任何理論都有缺陷），不能解釋新的社會境況，最終成為一種簡單機械的反映論，充其量只是一件「制度化」商品，並從反面顯示出資本主義的合理性。薩伊德認為，理論如果不加思考、不經批判、不常常更新，不論它起始時多麼革命，多具創新，也會很快變成意識型態陷阱

（trap），複製出它原打算消除的客體。要避免這種狀況，就需要理論具有「批判意識」，不僅批判論述客體，而且批判地審視自身，在不斷地飄移中，在與其他理論的交鋒中，豐富自身，改進自身，增強自己的生命力（**同上，pp.325－9**）。

　　理論的「飄移」說是熱衷理論的薩伊德對理論本身的獨特思考，是他後殖民理論重要的組成部分。但是，「飄移」的觀念不僅體現在他對理論的思辨上。對薩伊德來說，最能代表當今人類精神的就是「知識分子」，而他們的顯著特徵就是精神及軀體的「飄移」（exile），薩伊德本人就是這種飄移的範例，他的國家（巴勒斯坦）和他的人民（阿拉伯人）在近現代史上也一直處於不停的移動、流亡之中。關於知識分子和阿拉伯問題，我們將在後面的章節裡專門論述，但現在至少可以說，薩伊德對飄移的偏愛不僅出於理論的思考，而且和他的出身背景、和當今的時代政治，也有密切的聯繫。

　　薩伊德所說的「理論」主要是指後結構
主義理論，甚至是文化研究理論，這些當代
的批判理論與薩氏的理論有極多的共通之
處，並對他的思想形成起過重大影響。至於
「飄移」觀，則是薩氏本人的新見，以示與
上述之見的區別，更是爲了彌補它們的理論
缺陷。下面的兩節將對這兩種理論做簡要的
敍述，以更完整地顯示薩伊德理論的特色。
需要說明的是，不論是後結構主義還是文化
研究都近乎是統稱，沒有明確的界線可供區
別，甚至不少評論家把薩伊德也放入這兩種
理論中，因爲三者之間的共同處實在太多，
很難把他們截然分開。因此下面的敍述只能
是粗線條的，解釋性、說明性的成分遠遠大
於界定的成分。

二、薩伊德和後結構主義

　　後結構主義泛指六〇年代以後對結構主義思想進行繼承、批判、發揮的各種理論思潮，主要包括解構主義、女權主義、西方馬克思主義、當代心理分析、新歷史主義等批評流派，在以上每一個流派中，又包括衆多的批評家，以及不同的研究領域，所以無法進行總體歸納，這裏只選擇和薩伊德聯繫比較緊密的解構主義和新歷史主義進行論述。因爲解構主義主要是對結構主義的拆析，它的批判思想也給後結構主義其他各家予以啓迪；而新歷史主義又是對解構主義的發展有極大影響，並且在文化批評和文化研究上，與後殖民主義有衆多相通。

　　說到解構主義，不能不提結構主義。結構主義做爲一種觀點和方法，源於本世紀初

的結構主義語言學，創始人是瑞士語言學家
索緒爾（F. de Saussure）。他從1906年開
始三度在日內瓦大學開設普通語言學課程，
對語言展開新的理論探索。他認爲，語言應
當被看作符號，語言學應當是研究語言符號
的科學，而符號的特徵就是隱含系統性，相
互之間具有結構關係。他去逝之後，學生們
根據自己的筆記和他生前的講課材料整理出
了對本世紀學術界產生巨大影響的《普通語
言學教程》（1916）。

　　《教程》首次對語言和語言學的性質做
了界定：語言（language）是符號系統，帶
有社會公認的規約，言語（speech）則是個
人對語言的具體運用，而語言學研究的對象
是語言，旨在透過它內部穩固的結構關係來
認識語言整體。語言的結構關係依賴於語言
符號的特徵，特徵之一就是著名的能指／所
指說。索緒爾認爲，語言符號聯繫的不是現
實事物和它的名稱，而是概念和聲音，例如
「樹」這個符號中就包含了它的概念和它的

讀者（或書寫形式），前者就是「所指」
（signified）後者是「能指」（signifier），
語言符號的意義主要產生於能指和所指的相
互作用，相互指涉，促成雙方作用的機制就
是語言符號間的「差異性」：一個能指之所
以能對應於它的所指，是因為這個所指與其
他所指之間存在差異。就是說，cat之所以是
cat，因為它對應的所指不是rat,fat,hat,……
（參考書目 11，pp.158－68）。索緒爾的意義理
論把意義的來源從現實中的「指涉」
（referent）移到了語言符號內部的相互作
用，把研究對象從客觀世界變為語言的內部
結構，這個思想對此後的結構主義者影響極
大。三〇年代的布拉格語言學派以及五〇年
代的轉換生成語法研究，都是對索緒爾有關
語言內部結構思想的進一步發展。但是結構
主義作為一種思維方式擴展到人文學科的其
他領域，卻是五〇年代的事情。當時較轟動
的就是被稱為法國結構主義之父的李維斯陀
（Levi-Strauss）。他把結構主義語言學的

方法應用於原始圖騰、親屬關係、和神話研究中，形成了獨特的「文化人類學」，其中對神話的研究尤為著名。他認為神話具有完整的體系，包含有內在的邏輯，構成神話的深層結構，其基本成分是「神話素」（mytheme）。他從大量的神話故事中分離出813個神話素，它們依照一定的規律，透過不同的排列組合，形成一個個單獨的神話傳說。以他對古希臘伊底帕斯（Oedipus）神話的分析為例。伊底帕斯神話包括三個主要故事：(1)腓尼基國王子卡德摩斯（Cadmos）捕殺巨龍，建立感拜城；(2)感拜城王子伊底帕斯在不知情中殺父娶母；(3)伊底帕斯的兩子一女在王位爭奪中的悲劇。李維斯陀從三個故事的表面情節中選擇出十一個神話素，組合成四個縱列（結構要素），構成兩個對立項，結論是：這個神話反映了人類對自己起源的思考。儘管這種分析「揭示了人在神話創造中的思維過程」，但由於結構主義放棄了對歷史現實的探究而完全轉到文

本結構之中，所以人們有理由懷疑，李維斯陀找到的到底是古人的思維過程還是他自己的（**參考書目 33，pp.69－75**）。

　　結構主義避開實際政治的新形式主義傾向很快遭到解構主義的反對，而德希達（J. Derrida）對結構的消解也是從符號入手的。德希達抓住索緒爾語言學中的「差異」說，用解構主義哲學重新加以詮釋，認爲不但語言符號學客觀事物之間存有差異，而且語言符號本身的能指和所指也非索緒爾所說的相互對應關係。cat這個符號之所以能引出相關的概念，並不是因爲存在一個和它對應的先存在的所指，而是因爲cat這個能指引發了一系列與它相聯又相異的其他能指：cat的意義不在於rat，rat不同於mat，……這些差異便構成了cat的意義所指。換言之，一個能指所涵蓋的其實是無數與它有差異的其他能指，這些差異組成了一個意義的「痕迹」積澱於這個能指之中，使它具有無數潛在的歧義；這些潛在的歧義，便構成了這個

能指的實際所指。但是，所指的無限擴大實
際上卻變成了無所指。因此，德希達得出結
論：語言符號中只有意義的不斷延宕（**參考
書目 14**，pp.127－34）。既然明確的文本意義
蕩然無存，那麼結構主義賴以產生意義的結
構又如何呢？德希達1966年在約翰‧霍普金
斯大學的一次關於結構主義的學術會議上宣
讀了題為〈結構、符號，及人文話語中的遊
戲〉的著名論文，對結構進行了肢解：結構
概念依賴「中心」原則，以保證結構的平
衡，限制結構內部索緒爾所說的差異造成的
自由遊戲，但這個中心又必須處於結構之
外，否則也要受到自由遊戲的影響，而失去
中心的結構必定會坍塌，二項對立原則等結
構觀也不攻自破了（**參考書目 2**，pp.83－
94）。

　　解構主義的目標當然不僅僅是結構主
義，而是它所代表的形而上這個在西方延緜
了數千年的文化傳統。德希達認為，這個傳
統的思維方式特徵是預設一個「終極能指」

（如理念、眞理、上帝），由此出發設定一
系列的二項對立範疇（如精神／物質，主
體／客體，能指／所指，正確／謬誤），其
中的一項對另一項占有優勢，並且形成西方
文化特有的「邏各斯中心主義」
（logocentrism），做爲意義自明的純粹工
具來維護思想的純淨。因此，結構主義纔把
能指歸於感覺性的（概念）、物質的、歷時
的，而把所指歸於精神的、共時的，貶抑前
者，褒揚後者。根據德希達的分析推論，可
見索緒爾的語言觀和西方形而上的邏輯觀一
樣，都是試圖獲取意義的工具，本身並不具
有任何先在的意義（**參考書目 20**，**pp.5－
13**）。當然，德希達的意義「空場」理論不是
說現實中不存在任何清晰的意義，而是說每
一次的閱讀都是在原有意義痕迹積澱上的又
一次「書寫」，所以獲得的「意義」並不是
西方傳統所謂的客觀先在物，而是閱讀者主
觀創造的結果，可以爲他人再一次的閱讀
（書寫）所複蓋、重寫。從這個角度去理解

薩伊德對殖民主義奉為圭臬的東方主義的批判，可以清楚地看出他和德希達思想的一脈相承。

　　但是薩伊德對解構主義是不滿意的：解構主義原想糾正結構主義利用形式主義維護西方思維傳統的傾向，把理論研究引向激進的泛文化批評，結果卻又陷入純文本分析的樊籬。德希達曾說：「解構主義……不要中立，而要干預」**（參考書目 12，p.93）**，但這種干預卻是透過符號的遊戲和互文性進行的，對此薩伊德尖銳地指出：「要緊的是，這樣的符號有些輕浮，因為除非是種有關社會嚴肅需求、對社會有用的哲學，否則一切詞語都是毫無意義和不嚴肅的。**（參考書目 29，p.207）**」即使對邏各斯中心主義的批判，雖看上去很深刻，實則「和它批判的對象一樣固執、單調、有意在系統化」。對於德希達的意義空場說薩伊德也頗有微詞：一味解構而不建構，只否定而不提肯定見解，對實際政治幾無幫助。薩伊德需要在被解構主義消解

的語言廢墟裡重新建立起一個不同的文明、主體、自我，在這方面德希達是幫不了忙的。對於得曼（P. de Man）所謂一切閱讀都是「誤讀」（misreading），薩伊德認爲是種虛無主義，因爲即使誤讀背後也有一定的原委，否定對原委的探究無異於抹殺批評家的社會責任。薩伊德對解構主義的顛覆理論是欣賞的，但對這種理論導致的後果卻很反感：畢竟只是虛張聲勢，「只有反抗的言論，卻產生不了眞正的反抗效果。**（參考書目 29，p.160）**」

　　和解構主義不同的是，新歷史主義（new historicism）確實在試圖建構些什麼。要認識新歷史主義，首先要了解它和舊歷史主義的區別。歷史主義（historismus）是十九世紀德國史學界的一個概念，它的基本假設是：歷史現象具有獨特性，對它的理解應當按照具體時代的具體觀念和原則（即歷史現象本身的獨特語境）進行，也就是說，憑藉當時或更早的歷史事實來解釋歷史

（**參考書目 36，p.10**）。當然，這種重現歷史事件編年史的企圖也受到舊歷史主義學者的質疑，如有人主張歷史研究應當關注歷史進程中形成的一般規律和結構，而這種規律和結構無法「重現」，只有依賴歷史學家的主觀建構。但是不論是再現客觀歷史事實還是分析其規律，歷史學越來越認識到舊歷史學研究中的「客觀再現」幾乎是不可能了。此外，即使可以得到純客觀的歷史事實，它與現實政治的聯繫仍然有待歷史學家去建立，因為歷史研究歸根到底不是文物考古，而是以史為鏡，更清晰地認識現在、把握未來，因此，「現在對過去的『真實』表述，其真實性是一種說服而非展示，是一種建構（construct）而非發現（discovery）；因為現在的表述難以逃離現實價值觀的支配，真正的過去也就只是向人們講述了有關它的表述是真實的。（**參考書目 59，p.133**）」

那麼，到底什麼是新歷史主義，它和其他理論思潮有什麼不同？雖然維塞爾（H.

Aram Veeser）曾對新歷史主義下過一個
有名的「定義」（「一個沒有確切指涉的短
語」），他還是歸納出各家新歷史主義者的
五大共見：

1.每個表述行爲都包含有物質實踐；也
就是說，屬心智活動的文化活動和物質世界
（如國家政權）密切聯繫。如文藝復興時期
的文學創作（田園詩、假面舞會等）都離不
開皇宮貴族的資助。

2.每一個揭露、批判、抵抗行爲使用的工
具都是它所譴責的，因此有重犯自己所揭露
的行爲的危險；如英王查理一世的幕僚曾上
演戲劇《祥和的勝利》以警示英王不要忽視
現實，但適得其反：宮廷劇這種脫離現實的
文藝形式反而使查理一世更加樂此不疲，完
全失去了警示的作用。

3.文學文本和非文學文本相互交融，不
可分離，文學中充滿歷史與政治因素。

4.不論文學話語還是理論話語，都不可
能獲得永恒的眞理或表達不變的人性，新歷

史主義本身也不例外，女權主義對新歷史主
義的批評就是很好的說明：它所注重的權力
理論以上層男性白人爲代表，因此總帶有性
別歧視。

　　5.在資本主義制度下任何一種適合描述
文化的批評方法或批判語言都參與了它所描
述的經濟活動，因此仍然屬於資本主義理論
（參考書目 36，pp.2, 14－20）。

　　以上五點大概可以說明新歷史主義與其
他理論的主要不同之處：

　　1.新歷史主義關注的是複雜深刻的「文
化系統」，而不是通常泛指的不具有話語性
質的所謂「時代、社會、制度」；

　　2.它更多地研究文學和「文化系統」的
共時關係，而不是通常的編年史式的歷時關
係；

　　3.文學更多地被看作後結構主義式的
「文本」，即語言、話語、文化的載體，而
不是傳統的「作品」；

　　4.文本被當作文化系統的組成部分，所

以傳統的文學作品、寫作背景、作品與時代
的關係、文學史等因素現在統統被看成「文
本」（**參考書目 35，pp.293－4**）。

　　下面從一個文本分析來說明以上對新歷
史主義理論的歸納。英國十九世紀女小說家
白朗黛（C. Brontë）的小說《簡愛》被當
作歷史文件，以透視文化的壓制力及其抹去
愛情、德操、學識中的政治因素的傾向。《簡
愛》中至少有兩種「暴力」（violence）：
即小說的再現和簡的自我再現。小說中表現
的是自命不凡、嫉賢妒能的人，他們平庸無
能，卻處處壓制簡的發展。下面是簡和她的
姑媽里德太太的第一次正面衝突：

　　　　里德太太抬起頭，盯住我的眼睛，
　　正在編織的靈巧的手指停了下來。

　　　　「滾出屋子去，滾回養育所」，她
　　喝道。我的表情或其他什麼一定使她覺
　　得受到了侵害，因爲她儘管控制著自
　　己，卻仍然顯得極憤怒。我立起身，走

到門口，又轉了回來：我穿過房間，朝窗子走去，來到了她的面前。

　　我必須說話：我一直被他們重踏著，現在一定得反抗！可是怎麼反抗？我還有力量來反擊這個敵手嗎？我抖起精神脫口說出這樣的話：

　　「我沒有騙人，如果要騙妳，我會說我愛妳，但我告訴妳，我不愛妳：世界上我最恨的就是妳……一想起妳就讓我感到做嘔，妳待我簡直太惡毒殘忍了。」

　　「妳怎麼敢這樣說，簡愛？」

　　「我怎麼敢，里德太太？我怎麼敢？因爲這是事實……」（**參考書目8，p.39**）。

　　對類似簡這樣的內心情感突然爆發，一般的解釋把原因歸於個人：這是人內心深處眞情的自然流露，即使無法流露，也是自我強壓的結果。傅柯（M. Foucault）把這種

解釋稱做「壓制假設」，認爲它不足取，而
以「產生假設」代之：簡對壓制勢力的反抗
是種話語策略，以產生個人因社會壓制而無
法表露的內心情感，並表明社會利用規範對
人實行強行制約，對弱者進行扭曲、縮小的
再現。

　　有意思的是，簡對社會的反抗也是一種
暴力的表現，體現在她對壓迫者的敍述上，
如她對情敵英格拉姆小姐的再現：

> 英格拉姆小姐讓人嫉妒不起來：她品
> 位太低不值得嫉妒。原諒我似乎有些矛
> 盾的描述，但我是認眞的。她表面雍容
> 華貴，卻名不符實，她優雅高尚，有很
> 多耀眼的長處，可是她大腦空空，本質
> 上胸中荒蕪一片：那片土地上任何東
> 西都不會自發生長，也結不出自然清新
> 的果實。她胸無點墨，拿不出主見：只
> 會重複書上的華麗詞句，卻說不出（也
> 沒有）自己的思想。她故做多情善感，

卻產生不出同情、憐憫，她根本就沒有
溫柔和眞情（**同上，p.173**）。

　　這段描寫中，白朗黛利用寫作的暴力把
社會地位、教育水準、容貌舉止等方面遠勝
一籌的貴族小姐描寫成在天賦能力上遜於出
身貧寒、相貌一般的家庭女教師，尤其是最
後幾句使這位小姐喪失了做人的基本素質。
正因爲小說圍繞簡充分展示了這兩種暴力的
表現，所以有人說「勃朗特展示了詞語本身
的力量」（**參考書目 5，pp.5－9**）。

　　從以上的討論可以看出，新歷史主義雖
然採納了解構主義的一般原則和部分方法，
卻從後者的文字遊戲的迷宮走了出來，在對
歷史文本的再現中，挖掘深層的文化意蘊，
可以說，這是在文本──現實的結合上邁出
的重要一步，薩伊德對此無疑是讚賞的。但
是，正如解構主義透過消解形而上結構而消
解了中心、眞理一樣，新歷史主義也同樣抹
去了眞理、眞實、眞相（這些都包含在英語

單詞truth中）：truth並非客觀存在，而是人
為的構造，暴力的結果，再現的產物，語言
造成的虛幻：

　　〔真理只是〕一串串流動的暗喻、明
　　喻、擬人假設——一句話，是人類關係
　　的總和，經過在藝術、理論上進行強化、
　　調換、修飾，再經過長期的使用便似乎
　　毋庸置疑，成了人人須服從的經典：真
　　理即虛幻，而人們卻忘記了真理的這個
　　實質**（參考書目 25，p.203）**。

　　這段話是後結構主義引以為師的尼采
（F. W. Nietzsche）所言，李歐塔（J-F.
Lyotard）也據此斷言後現代社會「宏大敘
事」（grant narrative）已經消失，完全由
語言遊戲和局部環境所取代，但薩伊德卻不
以為然，把它稱為「虛無主義」。因為既然
現實中不存在真實，批評家就沒有必要去揭
示歷史真相；而現代社會中欺侮、壓迫、誤
現處處皆是，對此視而不見，放棄批判揭露

的「宏大」目標，當代知識分子還有何做爲（**參考書目 32，p.18**）？其實，在世界充滿欺凌跋扈、蠻橫霸道的今天，侈談眞相的消失，以反抗壓迫最終只會服務於壓迫者爲由，而不願做實質性批判，這些足可見把新歷史主義稱爲quietism（超脫無爲）是有些道理的（**參考書目 36，p.7**）。究其原因，恐怕還是因爲新歷史主義犯了和解構主義相似的錯誤：把客觀現實看成符號的產物，把批判目標只限制在文本之內，這是後殖民批評家史碧娃克對新歷史主義的批評（**參考書目 35，p. 286**），也代表了薩伊德的看法。他曾注意到，批評理論在今日空前泛濫，但與社會、歷史的距離也最遠：「大多數新新批評所爭論的問題並不涉及價值或社會、文化問題，或緊迫的哲學問題。它們大多只關心『文本』（人們似乎感到世間只有文本），言談既抽象又艱澀，談論的東西也同樣的抽象、艱澀，深奧的語言中只含有微乎其微的思想經驗、歷史。（**參考書目 26，p.ix**）」

三、薩伊德和文化研究

　　和後結構主義相比，文化研究似乎與「文化」的關係更加密切，畢竟它的名稱就意味著對文化現象的探察。其實，文化研究和後結構主義的區別是有限的，文化研究中的大量理論、方法、概念，就直接來自於後結構主義，而不少後結構主義批評本身就屬於文化研究的範疇。例如法國當代思想家傅柯屬於後結構主義，但是他的思想卻構成文化研究理論的基石。

　　傅柯研究歷史的方法值得一提。他不再把歷史檔案當做毫無生氣的「遺跡」（monument），機械地求證卷宗記事的真偽。相反地，他竭力讓歷史復活：鑽到遺迹的內部，探察原有因果聯繫的形式，並打破這種聯繫，重新進行組合，建立新的因果聯繫，從

而揭示社會生產歷史文件的方式、過程，這
就是著名的「知識考古學」（archaeology
of knowledge）。由此引起史學研究出現新
的變化。首先，傳統線性、延續的事件系列
被打斷，相互間的關係被重新確定，歷史發
展中的間斷（breaks）大大增加，事件的類
型增多，尤其是過去的主旋律不予注意的旁
音、雜音紛紛出現。此外，歷史的間斷觀成
了主要的認識論、方法論，在這種思想的指
導下，過去的「整合歷史」（total history，
即由一條主要因果關係聯繫起來的歷史）爲
現在的「一般歷史」（general history即多
因素、多層次、多因果、多意義、具體化的
歷史敍事）所取代，這裡的歷史更應當是相
互獨立又相互並列的歷史群（histories）
（**參考書目 15，pp.7－11**）。薩伊德曾專門介紹
過傅柯的考古學方法，尤其讚賞他打破傳統
的歷史思維，把各種歷史觀念變爲能動的
「事件」（events），極大地拓寬了歷史研
究的思路。傅柯對歷史事件的思考（複數的

歷史，歷史的間斷，真理的虛幻性，事實的
霸道性，以及話語產生的外部環境等）也對
薩伊德研究後殖民現象有極大的啓示（**參考
書目 30，pp.291－313**）。值得一提的是，薩伊
德認爲尼采的知識理論是傅柯知識考古學的
理論先驅：

> 抽出個人的特性就產生了關於人的概
> 念，我們的知識也始於這個概念。這個
> 知識始於標準化及整體歸類，但這些只
> 是知識產生的過程，並不體現事物的本
> 質。事物是由眾多具體特點構成的，而
> 不是那些可能的特點，把可能特點進行
> 聯貫只產生化約爲概念的事物的知識
> （**同上，p.37**）。

尼采關於知識形成的論述很重要，因爲
它和後結構主義對知識的思考相互一致。傅
柯在《知識考古學》中就對知識做過深刻的
反思。知識分首先是人們在話語實踐中使用
的言語，展示說話人（知識擁有者）在某個

領域中享有權力，能把自己的概念完整地融入已有的知識系統，並可供話語進行使用。傅柯對知識的定義進一步闡釋了尼采知識論中知識主觀、人爲、片面的特點。尤其重要的是，傅柯認爲知識和意識型態是相互利用，相互加強的，主要表現在知識在經過精心地結構化、系統化、成形化之後，被冠之以「科學」，而科學總是具有意識型態目的，比如對於精神病（瘋子）而知識（科學）就反應了社會意識對這種疾病的認識和態度。此外，知識的意識型態性和它的正確性沒有必然聯繫：知識的謬誤越少，科學性越強，它的意識型態性可能也會更強（**參考書目 15，pp.183－6**）。傅柯的知識理論無疑對薩伊德分析西方幾百年來形成的有關東方的知識起了極大的影響。

在以上有關傅柯（或整個後結構主義）知識理論的討論中，有一個重要的概念不能不提，這就是「話語」（discourse）。什麼是「話語」呢？如果用一句話來概括的話，

或許可以說是理論層面上的思維過程，但是
這樣的解釋「本身就與『話語』藉以發生作
用的思想結構的邏輯相矛盾」，也就是說，
傅柯提出這個概念，意在對思維過程提出質
疑，審視它隱含的價值觀及產生的實際效
果，而不是解釋它到底是什麼，因為一旦解
釋「清楚」之後，質疑就停止了，因此有批
評家把什麼是話語稱為「無法提問的問題」
（參考書目 54，p.142）。話語理論認為傳統的
解釋性思維和權力有關，因為它事先圈定了
思維的範疇，限定了問題的類型，確定了問
題的答案，並且強行規定了答案的合法性。
為了揭開傳統思維的神話，話語理論轉向對
權力的描述，知識的形成，機構的作用以及
它們彼此間的相互關係和影響。它研究的一
個重要領域就是上文所提及的知識、科學、
真理的形成和互相加強：知識話語得力於科
學的權威、真理的威嚴，而真理也借助前者
的系統化、制度化強化自己的霸權。這也是
傅柯要進行話語歷史分析的原因。在這種

「系譜學」（geneology）研究中，傅柯揭示了被研究客體是如何經過話語的作用而逐漸變成擁有權力的陳述主體，而正是後者纔產生出「眞理」和眞理標準。也就是說，通常所說的眞理、價值、意義，完全是權力系統運作的結果，是學科、機構維護支持的產物，這就是傅柯所說的話語的「物質性」（materiality），也是爲什麼史碧娃克說歐美大學是知識、權力運作最集中的地方 **（參考書目 34，p.53）**。傅柯話語理論的一個重要方面，就是關心話語的這種物質性是如何對「他者」（Other）發生作用、影響的，尤其是透過權力、權威、機構和意識型態對他者實施控制，這也是薩伊德受益於傅柯的重要方面。

傅柯的後結構主義理論對當今的文化研究有相當的影響。要了解文化研究，首先要知道文化的含意。「文化」（culture）形而上的定義是「培植」、「培菱」（cultivation），主要指對價值的培養，廣義上指受到

培養的價值總體，到近代，人類學家和社會
學家用文化來泛指人類習俗、機構的總體。
在文學批評傳統上，文化主要指經過文學作
品流傳到現在的價值觀念，但這樣的概念用
傅柯的話語理論一觀照便顯現其中知識
──權力的聯繫，因為這裡的「文化」指的
是經過挑選的特殊文化，而文化的接受者、
傳播和接受方式也受到限制，以保護文化的
不受侵犯，保證文化的代代相傳，並使文化
成為一種價值的代碼。如歐美文學傳統上所
謂 的「文 化 人」 (cultivated 或 cultured
man) 就專指對西方經典文化傳統承襲良好
的精英知識分子 **（參考書目 16，p.151）**。在當
代社會，隨著大眾傳媒的興起、普及，文化
的定義也隨之擴大，正是在這種情況下，
「文 化 研 究」 (Cultural Studies) 作為新
的學科建構纔得以出現。

　　文化研究始於五〇年代的英國，當時的
代 表 人 物 是 批 評 家 李 維 斯 (F. R.
Leavis)。李維斯主義文化研究的主要目的

是在物質資本不斷累積的同時傳播「文化資本」(cultural capital)，即透過教育體制更快、更廣、更有效地在大眾中傳播文學知識，提高文學閱讀、欣賞能力。爲了達到這個目的，他對作品做了嚴格規定：只限於經典的高雅之作，如他稱之爲英國文學「偉大傳統」的奧斯汀 (J. Austin)、蒲柏 (A. Pope)、艾略特 (G. Eliot)，因爲這些作家的作品有助於陶冶道德情操，培養成熟性格，形成正確的人生觀。而二十世紀的現代派作家則被他拒之門外 (如J. Joyce, V. Woolf)，因爲他們的作品很難爲一般大眾讀懂。由此可見，李維斯的文化研究保持了傳統文化觀的保守性、精英性，仍然屬於舊的阿諾德 (M. Arnold) 式的「文化批評」**（參考書目 13，pp.1－3）**。

五〇年代後期文化研究出現了新的動向。以威廉斯 (R. Williams) 和霍格特 (R. Hoggart) 爲代表的一批出身工人家庭、有工人運動與社區教育 (尤其是工人教育) 經

驗的理論家，對文化研究提出了不同的解
釋。他們承認李維斯的「經典」在品位上比
「大眾文化」要高，內容也更豐富，但也指
出李維斯主義忽視了廣大的中、下階層。因
此，在被稱爲英語世界首都重要的文化研究
專著《有文化的用途》（*The Uses of Lit-
eracy,* 1957）中，霍格特既肯定了精品文
化，也對傳統工人階級社區生活做了大量描
寫。首先，他界定了研究對象：那些居住在
英國工業區利茲（Leeds）等地擁擠骯髒的
居所中的下層人們。他們每周的工錢約10
鎊，雖受過中等教育，實際文化水準只達小
學。但即使這樣的人仍然有自己的文化：
「生活在工人階級中，即使到現在也沉浸在
一種無處不在的文化之中，這種文化在一些
方面具有和上層社會一樣的形式、風格表
現。（**參考書目 17，p.31**）」霍格特描述了這
種工人文化：使用獨特的與時髦的大眾傳媒
完全不同於語言，信奉舊日的迷信儀式等
等，但尤其讓人難忘的是他對工人生活的描

寫。這是一般工人家庭的主婦：她的天地就
是充滿煙塵的居室，每日燒飯、洗衣、買菜、
餵孩子，當然還要滿足丈夫的性慾。空閒時
要替丈夫縫補破舊的衣服。她們三十歲性吸
引力就已經消失，四十歲已經蒼老，五十歲
疾病纏身，沒錢上醫院，便花錢從街頭小販
處購些草藥。一九六四年霍格特成立了「伯
明翰當代文化研究中心」，繼續研究英國工
人的生活狀況，採用西方馬克思主義的研究
方法，把文化從上層建築放回到經濟基礎
中，把文化生產作為生產方式之一，把文化
和經濟生產、社會結構相聯繫，同時注意文
化的消費方式。但四〇年代之後，英國工人
的貧困化逐漸好轉，到五〇年代末，工人的
受教育程度、富裕程度都已接近中產階級，
以物質財富、受教育程度來界定工人身份並
以此做為批判理由已經顯得過時，正是在這
種境況下，文化研究逐漸從工人的實際生活
轉到對文化本身政治作用的探討，對利維斯
主義維護國家政權的保守性的批判也愈顯尖

銳。

　　從七〇年代開始，文化研究主要圍繞
「霸權」（hegemony）概念進行。霸權是
意大利馬克思主義者葛蘭西（A. Grams-
ci）三〇年代在獄中寫成的《獄中札記》中
提出的。「文化霸權」旨在從支配和從屬的
角度對文化與權力、階級、民族的關係進行
論述。葛蘭西認為，文化霸權的取得不單單
只靠統治階層的外部強制力，更主要的也是
最不易察覺的是靠在社會中形成一個價值共
識，使某種觀念獲得一致的「贊同」。這個
過程不是單向的壓迫／反壓迫、控制／反控
制、霸權／反霸權的關係，而是一個相互鬥
爭、相互談判、相互妥協的交互式空間，在
這個過程中，反壓迫、反控制、反霸權也可
能贏得社會的「贊同」而結束壓迫、控制、
霸權的統治。葛蘭西這種交互式理論賦予了
主體更大的能動性，不僅僅只是被支配的消
極物，而且具有很大的選擇、判斷、拒絕的
文化空間。後面的這一類主體就是葛蘭西稱

之的「有機知識分子」：他們能夠和民衆展開對話，教育民衆，引導、說服民衆趨向新的更加合理的「贊同」。他們不是精神貴族，而是能深入民衆之中；但他們也不是普通人，因爲「一切人都是知識分子，但並不是一切人都在社會中執行知識分子的職能」，即整合、分析、指導民衆的願望（**參考書目 61，pp.39－40**）。葛蘭西利用霸權觀旨在說明爲什麼墨索里尼的法西斯主義嚴重束縛了人民的自由，卻又受到那麼多人的崇拜，同時也說明依靠反霸權策略完全有可能打破法西斯造成的「贊同」狀況。他沒有料到的是，霸權觀經過「飄移」後，竟對當代西方文化研究產生如此大的影響，在後面的章節中我們還會看到，他的有機知識分子學說也和薩伊德的知識分子理論有極多的相似之處。

文化研究從霍格特相對封閉的區域研究走出之後，經過葛蘭西的霸權理論，把研究對象指向更大的支配系統，批判其中的霸權

現象。起初，這種批判主要集中在「符號學分析」，即把文化分割成由具體機構或媒介做出的獨立的「表徵實踐」(signifying practices) 或話語，探討其中的霸權效果。如把抽煙作為符號或由形象產生的能指，例如「萬寶路」煙盒上的「萬寶路漢子」(Marlboro man)，很容易產生男子氣概、自由、瀟灑的效果，這就是霸權對人的支配。但「符號學分析」主要就是解碼或譯碼，很難跨出符號的限制，而與具體的實踐、應用、人結合在一起（**參考書目 13，p.5**）。隨著歐洲理論的興起，文化研究很快突破了符號的界線。德國的法蘭克福學派使文化研究借鑒了西方馬克思主義的意識型態批判理論；結構主義語言學提供了從語言分析文化的可能；當代心理分析揭開了意識與文化的關係；解構主義、後結構主義、女權主義的介入更使文化研究對社區生活、大眾文化藝術市場直至文化生活的每一個方面幾乎無所不包。「當代文化研究的特徵在於，它不斷地改變

研究的興趣，使之適應變動不居的社會文化情勢。它不屈從於權威的意志，不崇尚等級制度，甚至對權力構成了有力的解構和削弱作用。它可以為不同層次的文化欣賞者、消費者和研究者提供知識和活動空間，使上述各社羣都能找到自己生存位置和活動空間。（參考書目 58，p.32）」

　　八〇年代，文化研究從歐洲傳到美國，首先是在美國大學受到重視，在大眾傳播、媒體理論研究等方面得到應用。一九八九年在伊利諾大學召開了有關文化研究的專題討論會，會後出版的論文集就叫《文化研究》，並且文化研究立刻就和美國理論界的左翼流派及當時仍在美國較為盛行的歐洲理論融合在一起，成了美國理論界的主流。當時歐洲的批判理論已在美國流行一時，西方馬克思主義、解構主義、傅柯的知識／權力理論、李歐塔的後現代理論等已經炒得很熱。美國的左翼批評則從六〇年代的「行動的一代」（反越戰、遊行）轉到了理論上的

實踐（praxis），即關心美國的社會問題：
女性問題、少數民族問題、種族關係問題、
同性戀等等，所以文化研究一經介入就大有
作爲。而少數民族研究也方興未艾，主要包
括非裔（即美國黑人）、西班牙裔、印地安
人及亞裔。文化研究在美國語境裡產生的一
個新變化就是社區研究的異軍突起，主要指
後殖民主義研究，這在下面將專章論述。

　　文化研究在美國到底有哪些表現？保持
了哪些特徵？有哪些主張呢？紐約州立大學
教授艾葛（B. Agger）歸納出十一點不同
流派的文化研究者所共有的主張，他是從文
化研究整體出發的，所以有助於我們了解整
個文化研究的狀況及近年在美國的發展。現
簡括如下：(1)擴展文化觀，從「高雅文化」
擴展爲「任何有關社會學識的表現行爲」；
(2)大眾文化的合法性（僅管其批判性不
強）；(3)文化與「我們」一體，是大眾的親
身經歷；(4)文化是實踐，（各種口頭、話語、
圖象表達），不僅只是文本；(5)文化是衝

突，尤其是隱秘的衝突，而不只是意義的追求；(6)文化要非中心化 (decenter) 、非經典化 (decanonize) 、破除精英主義 (elitism) ；(7)文化是一種複雜的生產過程，包括生產、流通、消費過程中涉及的各種相關的文化機構；(8)通俗文化（從肥皂劇到錄影帶影視）是文化的一個組成部分；(9)跨學科性，甚至反對傳統的學科分配（容易產生霸權）；(10)文化研究具有現實意義；不可避免價值判斷；(11)不承認絕對價值或永恒眞理**（參考書目 3，pp.2－23）**。

雖然文化研究和薩伊德的後殖民主義研究已經非常接近，甚至薩伊德常常被包括在「文化研究」的範疇之內，但是薩伊德本人卻極少把自己與文化研究的各家各派相聯繫，更沒把自己稱爲文化研究者，可見雙方仍然是有區別的，有時這種區別還比較明顯，簡單把雙方等同往往會出問題。

首先，薩伊德對文化研究的一個重要理論來源傅柯是有所保留的。傅柯在《知識考

古學》中對知識、權力、眞理的產生、運作、
發展影響，做了精彩的分析，但這種分析一
直在理論上兜圈子，從來沒有落到具體社
會、機構知識領域裡。他把遏制系統的運作
原理歸於權力，權力靠意識型態（話語、學
科）支持，並產生細節來強化控制，細節越
多，控制越強（如監獄是生產犯罪的工廠，
犯罪又爲法律話語的產生提供便利）。傅柯
對這些細節做了生動的演示，但一旦微觀分
析上昇到宏觀把握，權力理論便顯得蒼白，
傅柯的「理論突破」也成了「理論陷阱」：
陷入理論而不可自拔。他是反抗形式主義的
英雄，但對國家政權、壓迫機構來說，至多
也只是在進行一場「小規模的游擊戰」，而
迴避諸如階級、經濟、壓迫等社會現實問題。
他表現得很現實，大談世界歷史、權力鬥爭、
大批形式主義、反歷史主義，實際上只爲了
能夠不左不右，不偏不倚，保持「深奧的學
術思維加政治的超逸清高」：

傅柯權力的問題在於，它被使用的太
濫，把沿途的一切都吞了下去（對權力
的反抗、使它獲得能量的階級和經濟基
礎、它所積存的儲蓄），消除了變化，
把它的微型統治神秘化。⋯⋯問題是，
傅柯的理論在自己四周圈了一圈，傅柯
把自己和跟隨他的人統統關進了這個
特殊的領地（**參考書目 29，pp.243－
5**）。

　　薩伊德的這個批評可謂尖銳，因為它使
人聯想到詹明信對俄國形式主義和結構主義
的著名批評：他們都把自己關進了「語言的
牢房」。他對解構主義的批評也同樣令人深
思：「德希達的哲學語言順著自己觀念牢房
的圍牆向前摸索，從牢房內部描述著這個牢
房，但又似乎把它說成只是一種可能的世
界，而其他的世界又想像不出。（**參考書目
18，p.186**）」

　　傅柯把理論架空於實際，在眞空中談論

壓迫、反抗的傾向，在文化研究中並非少見，
這恐怕是薩伊德力圖與它保持一段距離的主
要原因。當然，對文化研究的政治傾向性不
能一概而論，否則就會犯傅柯所稱的「線
性、延續性」思維的毛病。一般來說，歐洲
思潮政治性比較強，法蘭克福學派馬克思主
義、女權主義、英國伯明翰學派、後結構主
義、後現代主義等文化研究流派都對社會問
題比較敏感，願意積極介入實際政治，其中
以女權主義文化研究最激進，除了法國女權
理論有文本化之嫌外，其他女權主義都直接
關注婦女的實際遭遇，並對改善婦女地位起
了很大的推動作用。遺憾的是，以上所說的
直接受當代歐洲思潮影響的文化研究流派在
美國只處於「邊緣」，大部分文化研究者都
是所謂的「經驗──實證主義」的社會科學
家，研究對象也多爲大衆文化，尤其是媒體
研究，把它們做爲一般的「社會事實」，不
願意聯繫實際政治，或乾脆把意識型態問題
統統稱爲「整合化」、「籠統化」而予以拒

絕（**參考書目 3，p.133**）。艾葛曾經歸納出這種實證主義通俗文化研究的七大共識：(1)文化研究必須排除價值判斷，目的是了解世界，而不是改造世界；(2)同情通俗文化；(3)通俗文化只指業餘時間的「消閒」活動，文化是純粹個人性質的；(4)不存在評判文化作品好／壞的先在標準；(5)反對文化是生產──分配──消費現象；(6)文化研究側重文化內部的技術性問題，而非文化外部的政治因素；(7)文化研究並不旨在改變或創造被研究對象（**同上，pp.134－5**）。當然，艾葛所指的主要是以社會學為主的文化研究，但顯然這種研究具有濃厚的形式主義色彩，而且現在佔據著美國文化研究主流地位，這本身就是一種「霸權」的表現，正如薩伊德對「霸權」的定義：「（它）是一套壓迫、控制系統，文化主體依賴它維護自己基本的主宰形象和發展方向。（**參考書目 31，p.392**）」

　　當然，處於邊緣的政治性文化研究雖然在數量上比重不大，但是影響、聲勢卻不小，

有些研究已經和後殖民研究非常接近，彼柯
拉（V. P. Pecora）對「局部知識論」的分
析就是一例。在後結構主義對文化採取「符
號學闡釋」的主張下，吉爾茲（C. Geertz）
提出了「局部知識」論：把文化的各種表現
形式做為獨立的卻又並非自足的因素來考
慮，即只有當它處於一定的社會境況中，並
對這個境況具有決定性影響時，它纔會產生
作用，而與外部的影響無關（**參考書目 35，pp.
243－5**）。根據這個理論，自詡為印度尼西
亞問題專家的他把該國一九六五年軍事政變的
原因全歸於印尼國內：蘇加諾政權在國內缺
少威望，印尼人民不喜歡它從外國學來的意
識型態，隨後產生的騷亂導致了政變。彼柯
拉則從新聞媒介、官方文件中得出：導致五
十萬人遭屠殺的政變與美國政府的介入分不
開。美國政治上需要印尼成為亞洲的又一個
「自由世界」，以利於它在越南的戰爭。在
反共大屠殺中，至少有一名華府高級官員介
入，政變前美國大量軍援、經援印尼，而參

與政變的軍官不少曾在美國接受過訓練。西
方對這場血腥政變的理解，就是《紐約時
報》的報導：黨派之爭，混亂無序。更有甚
者，吉爾茲認為正是這次事件纔使印尼走上
了繁榮之路，這和當時白宮的觀點不謀而
合，因此，彼柯拉認為這樣的文化研究絕不
是單純的符號學分析，而是明白的政治判
斷，在精心掩飾之下，事件的眞相被成功地
抹去了（**同上，pp.250－64**）。這種分析與實證
主義文化研究不同，把文本、符號和歷史、
現實聯成了一體，因此具有更大的實際意
義，這也是薩伊德所贊同的「文化唯物主
義」（cultural materialism），即「對事物
的具體性有敏銳的理解」（**參考書目 29，p.
177**）。

第四章
薩伊德的後殖民主義
理論

　　要談薩伊德的理論，首先要對「後殖民
理論」做一個大致的界定。這當然是件困難
的事情，因爲後殖民主義理論並沒形成完整
的體系，後殖民理論家們也沒有一致的批評
方法，而且由於這種理論廣泛容納各種後結
構主義理論，所以有時甚至無法把兩者截然
分開。

　　「後殖民主義」本身原指一個特定的歷
史發展階段。隨著本世紀中葉歐洲列強的衰
落，它們的殖民帝國也紛紛土崩瓦解，亞洲、
非洲、加勒比地區的原殖民地得以獨立，並
努力消除殖民統治留下的文化、語言、法律、
經濟影響，力圖恢復自己原有的文化傳統，
重樹民族和國家形象（identity）。經過若干
年的努力，大部分原殖民地國家至少在形式
上擺脫了殖民主義在軍事、政治、經濟、文
化方面對本國的影響與控制，但在深層次
上，在微觀領域裡，這些影響和控制實際上
並沒有明顯的改變，人們（尤其是知識界）
普遍感到，雖然殖民主義時代已經結束，但

殖民主義做為一種文化政治仍然存在，在有些方面甚至更甚，儘管表現的方式有所不同。早在三十年前，有部分非洲知識分子就因此提出過後殖民主義問題，印度一九四七年獨立後，也出現了這種理論意識，如印度的「賤民研究」（subaltern studies）就是一些受過英國高等教育的知識分子對國內受壓迫者的研究，其中涉及後殖民問題（**參考書目 46，p.59**），但由於西方理論界一直由結構主義、後現代主義理論話語主宰，後殖民主義思考被推到了邊緣，薩伊德本人六〇年代到八〇年代的幾部主要著作也沒引起大的注意。直到八〇年代後期後現代主義爭論在西方理論界已成強弩之末，後結構主義更多地溶入後殖民主義，後者纔異軍突起，成為一種新的理論時尚，逐步從邊緣走向中心。

　　後殖民主義理論早期處於邊緣，現在上昇到中心，這在很大程度上得力於它對後結構主義再現（representation）理論的利用。後結構主義可以說是透過對再現進行反

思而達到高潮的。解構主義切斷能指——所
指的對應關係，把實際再現變成一張能指不
斷延伸的巨網之後，傳統理論的眞實再現說
就不攻自破了：所謂的再現不過是表現者個
人對表現物的主觀構造，與被表現物已經存
在差距，而且這種差距是無法避免的，「眞
實客觀再現」只能是一個神話，正如薩伊德
所言：

> 眞正的問題是有沒有一種眞實的再現，
> 或者說一切再現，正因爲是再現，首先
> 鑲嵌在語言之中，然後鑲嵌在再現人的
> 文化、制度、政治氛圍中。……從方法
> 論的角度看，就是要把再現（或者誤現
> ——雙方的區別最多只是程度問題）
> 當成存在於一個共同的遊戲場，起限定
> 作用的不單是某個固有的共同主題，還
> 有共同的歷史、傳統、話語領地。這個
> 場所不是單個學者可以創建的，他只是
> 接受它，在其中找個自己的位子，並做

出自己的貢獻。即使對罕見的奇才，這
種貢獻也只是對所在場所內的材料進
行重新處理的策略，即使某個學者發掘
出曾經失落的手稿，也只能在早已先定
的情境中產生出這個被「發現」的文
本，這就是發現新文本的真正意思 **（參
考書目 25，pp.272-3）**。

再現變成誤現，造形等於變形，反映只
是扭曲，這僅僅只是客觀原因造成的：語言
遊戲造成詞不達意。但如果把再現的這個特
點應用到實際中，由此產生一系列嚴重後
果，則完全是人為的，是人有意操縱語言造
成的。把人再現成高貴／低賤，聰明／愚昧，
正確／錯誤等，都是語言／再現暴力產生的
結果。統治者只有擁有這種再現的權力，纔
能與被統治者區別開，維護自己的統治。再
現與暴力之間是相互加強、相互轉換的關
係：再現／語言可以產生暴力，而暴力則加
強再現的效果並產生更多的再現。如醫生們

在收治遭丈夫打傷的婦女時，不願使用「家庭暴力」，而以「毆打」代之，如此一來，家庭、丈夫便不再是暴力之源，婦女反倒成了不守家規的犧牲品，而這個再現產生的暴力更使人們對「毆打」婦女習以為常（**參考書目 5，p.25**）。在這個例子中，婦女聲辯（反抗再現）的權力被剝奪了，成了被壓制的對象，只能聽任主宰話語對自己進行再現或誤現，因此史碧娃克說，以他人的名義說話（再現）最具有霸權的危險。但是問題是，這種狀況如果持續下去，被再現者將永遠得不到正確的再現，所以他們確實需要有人能夠站在他們的立場上以他們的名義說話，對他們進行重新再現。薩伊德在再現中的地位是特殊的：他受過西方最好的教育，在西方學術（當然也代表權力）機構中佔有一席之地，要行使再現的暴力是毫無困難的。但是前提條件是，這樣的再現必須符合西方的理論話語思維，必須與西方的再現形式一致，而且再現者必須也具有西方人的身份（identity）。但薩伊德卻不願意這麼做。他認為自己屬於第三世界，屬於遭到壓制的「他者」（Other），而不是握有權力的再現主流。在這樣的身份歸屬下，他發出了不平的呼籲：「我們一直被排除在歷史之外，也一定被排除在討論之外，而且被排除的時間實在太長了」**（參考書目 27，p.xv）**。當然這並不是說薩伊德的歸屬就是他所出生的巴勒斯坦、伊斯蘭，甚至阿拉伯（這一點容易引起誤解，下面章節中將專門談到）。他的身份應當是「知識分子」：一個不屬於任何地域、流派、政治團體的自由「飄移」的人（他對知識分子的特殊理解也將在後面論及），但他又不是老莊式的「逍遙」者，而是積極入世的參與者，參與的方式就是介入再現活動，為那些得不到表現的，或受到誤現的邊緣階層說話：

> 知識分子的再現——他或她再現的是什麼，以及這些觀念是如何向大眾表現

的——總是維繫在（並且應當成為）
社會中不斷延續的經驗中一個有機的
組成部分：就是窮人、被剝奪了權利的
人、無人理會的人、得不到再現的人、
沒有權力的人的那個部分**（參考書目
32，p.113）**。

那麼，這種積極再現的目的是什麼？當
然是「為民請願」，扶助無權無勢的下層階
級，不過知識分子進行再現的意義遠遠不止
於此。他們爭取再現權力，不是為了表現自
我，獲取個人資本，也不是為了向上爭寵，
撈取更好的職位，而只是為了再現本身。對
薩伊德來說，再現是一種行動，要有具體表
現與做為，產生具體效果，達到具體目的。
最重要的是，它是一種懷疑意識至上主義，
是批判精神，是不唯上、說真話、不畏權勢、
直言不諱的勇氣，來打破舊的陳式，揭露處
於中心地位、握有霸權的現代資本主義再現
體系。用他自己的話，就是「發掘出久遭遺

忘的東西，把遭到否定的聯繫建立起來」，
一句話，徹底審視一下「維持現狀的那一整
套思想體系」（**同上，p.22**）。由此可見，薩
伊德及後殖民主義理論比它之前的各種理論
更加注重實際，更加注重把理論思考落實在
具體的社會現實細節上，並且由於薩氏吸納
了後結構主義的批判理論，所以對西方中心
論的破壞性更大，這也是後殖民理論熱的重
要原因。

　　有一點要說明。人們常說的「後殖民主
義理論」其實是個複數，包括一批理論家，
其中許多身居亞洲、非洲等原殖民地國家，
如印度、孟加拉、巴基斯坦及一些伊斯蘭國
家。但在歐美學術界嶄露頭角的，還是少數
出生於殖民地，到殖民宗主國接受西方教
育，並留在西方大學任教、具有所謂「雙重
身份」的學者，代表人物除了薩伊德之外，
還有孟加拉裔的史碧娃克和印度裔的巴巴
（Homi Bhabha）。薩伊德較早就介入後現
代主義問題的爭論，對解構主義有深入的研

究，尤其對「非邊緣化」消解理論情有獨
鍾，並在當代女權主義、馬克思主義理論方
面也極有造詣。史碧娃克是美國匹茨堡大學
英語教授，曾最早翻譯德希達著作〔如《論
書寫》（*Of Grammatology*）〕，把解構理
論介紹給美國學術界，被認為是對法國理論
理解較深較透的學者，在美國學術界享有很
高聲譽。巴巴是英國索塞克斯大學教授，是
近年嶄露頭角的後殖民主義理論家，特點是
善於吸收後結構主義理論，尤其是解構主義
當代心理分析理論，和新歷史主義，研究的
對象是「外界的領域」（the realm of the
beyond），即主流理論所不談或不許談的問
題，主要也是有關後殖民主義理論話語，只
是語言艱澀難懂，這或許是種有意所為：雖
然操持道地的第一世界英語（English），卻
故意使用在語法特徵、表達方式上與此差別
甚大的第三世界「英語」（english），以顯
示批判距離，史碧娃克就是如此，哈密・巴
巴更甚，這也不無諷刺意味：對第三世界的

再現，只有第一世界的理論權威纔能勉強解讀，這是不是有違後殖民主義理論的初衷呢？相比之下，薩伊德的文字倒是雅俗共賞，理論有深度但不艱澀，而且大量聯繫中東地區的社會現實，也就是我們下面將分節論述的巴勒斯坦、伊斯蘭問題和東方主義。但總的來說，後殖民主義學說第一次使東方話語在西方理論界產生了大的震動，如史碧娃克所說：「由薩伊德等人著作所直接引起的對殖民話語的研究已經發展爲一種領域，在這裡邊緣者可以說話，可以被討論，甚至可以得到維護。（**參考書目 10，p.221**）」

一、巴勒斯坦問題

　　薩伊德把理論思辯和時政思考相結合的最明顯之處，就是他對中東這個前英國殖民地區問題所進行的詳盡、透徹的分析，這不

僅因為中東問題是半個世紀以來世界政治軍
事動盪的熱點，主要因為他在分析問題時探
用的獨特後殖民主義理論。薩伊德主要的中
東研究始於八○年發表的《巴勒斯坦問題》
一書。在書的前言他開宗明義，說明了此書
的主旨：「我的目的是寫一本書，把一個具
有廣泛代表性的巴勒斯坦立場展現在美國讀
者面前。當今人們大談巴勒斯坦人和巴勒斯
坦問題，但對我要說的卻並不十分了解，至
少現在了解的還不透」〔**（參考書目 27，p.
ix）**，本節中此書只注頁碼〕。但要探討薩伊
德的巴勒斯坦論述之前，有必要先扼要地介
紹一下巴勒斯坦問題。

　　巴勒斯坦歷史上位於亞洲西南，地中海
的東岸，紀元前三千年迦南人就在那裡建立
城堡。由於它地處三大洲交匯處，戰略地位
重要，所以不斷受到列強爭奪。埃及首先在
此立足，埃及衰敗之後，紀元前十四世紀來
自美索不達米亞地區閃米特（猶太）部落的
希伯來人和腓尼基人（Philistines，巴勒斯

坦即從此而來）入侵該地區。希伯來部落的
一個成員古以色列人於紀元前十一世紀初打
敗迦南人，但又爲腓尼基人所敗。失敗使古
以色列人聯合起來成立王國，在大衛王率領
下於紀元前一千年打敗腓尼基人，並建都耶
路撒冷。922B.C.後古以色列國內分裂爲兩個
小國：以色列國於721B.C.爲亞述所佔，猶大
國於586B.C.爲巴比倫國所佔，耶路撒冷城遭
到毀壞，猶太人四下流亡。539B.C.波斯王佔
領巴比倫後，允許猶太人返回巴勒斯坦。他
們重建了耶路撒冷城牆，制定了摩西法律，
確立了該城爲猶太敎聖地。紀元前一世紀羅
馬龐貝大帝佔領巴勒斯坦，把它改爲羅馬一
省，由猶太國王治理，耶穌據說就生於此時。
此後兩百年中猶太人多次反抗，均告失敗，
大批被殺或淪爲奴隸，並且一律不准去耶路
撒冷。羅馬君士坦丁大帝313年使基督敎合法
化後，巴勒斯坦成了基督徒朝拜的聖地，居
民也大多皈依基督敎。六世紀穆斯林（即回
敎徒）阿拉伯人佔領巴勒斯坦後，耶路撒冷

又成了穆斯林的聖地，因爲據說先知穆罕默德把它做爲穆斯林朝拜時的方向，後又在此城昇天，百年之內大部分巴勒斯坦人皈順伊斯蘭教，並在此後的一千多年中認同了阿拉伯伊斯蘭文化，在本世紀前的四百年中由歸化了阿拉伯的巴勒斯坦人統治。但在巴勒斯坦，伊斯蘭人、猶太人、基督徒有各自的自治社區，享有宗教自由。

　　十九世紀歐洲工業國爲尋找原材料、市場及戰略利益來到中東，隨著當時歐洲民族主義抬頭，反猶活動加劇，不少猶太人返回「希望之鄉」（即巴勒斯坦）尋找安身之處。一八九七年赫茲爾（Theodor Herzl）建立「世界猶太復國組織」，大批猶太移民返回巴勒斯坦購地定居，巴勒斯坦人的反猶鬥爭也自此開始。一九一八年英國從土耳其手中奪得巴勒斯坦。爲了在戰時獲得阿拉伯人支持，英國允諾戰後阿拉伯各國獨立，但同時爲了獲得猶太人支持，又在一九一七年簽「貝爾福宣言」，允諾猶太人在巴勒斯坦

建「家園」。由於這兩個矛盾的承諾，在托
管期間（一九二二──一九四八），阿、猶矛
盾日益尖銳，英國只好旣限制猶太移民，又
支持在巴勒斯坦建立猶太國。一九三三年後
爲逃避納粹迫害，猶太人紛紛非法移居巴勒
斯坦，阿拉伯人也暴動反猶，雙方關係進一
步緊張。二戰後西方同情猶太人的遭遇及復
國要求，英國只好宣布託管無法進行，把問
題提交聯合國。聯合國一九四七年十一月決
定巴勒斯坦由巴、猶分治，巴勒斯坦人拒絕，
雙方戰起，結果巴勒斯坦人失敗。一九四八
年五月十四日以色列國成立，巴勒斯坦與另
外五個阿拉伯國家馬上又對以宣戰，結果又
戰敗，以色列進一步擴大了佔領地，約旦也
佔據了約旦河西岸，埃及佔領加沙地帶，而
八十萬巴勒斯坦人則流落他鄉。一九六七年
六日戰爭後，西岸與加沙也爲以佔。一九九
三年九月十三日，在美國斡旋下，巴以簽署
和平協定，巴勒斯坦將在以佔領區建立自治
區。

　　縱觀巴勒斯坦問題的由來，至少可以得
出如下結論：巴勒斯坦問題由來已久，十分
複雜；巴、以矛盾是兩個民族間的矛盾，解
決的難度很大；殖民宗主國英國應當對目前
的巴、以矛盾負主要責任。以上歷史簡述中
沒有反映出來的一個重要方面，也是薩伊德
研究的主要領域，那就是：巴勒斯坦這個原
殖民地問題之所以久拖不決，是西方新殖民
主義者的有意所爲，因爲維持現狀符合他們
在中東的戰略利益，而且薩伊德對這個問題
的分析比較獨特。

　　薩伊德首先認爲所謂的巴勒斯坦問題之
所以難以解決，是因爲「問題」本身就難以
界定：它首先與衆不同，是個歷史遺留的民
族、地區、甚至世界地緣政治問題；其次它
長期困擾所涉及的地域、人民，一直就是不
安寧因素；此外它又很棘手。因此這個問題
牽涉到諸多方面，甚至沒法確定它的癥結所
在。薩伊德的態度是：要明確問題的所在，
需要的不是去「否定」它（即把它和其他一

切問題相區別），而是要建構它：「把整個
巴勒斯坦經歷實實在在地體會爲一種有待糾
正的災難，對巴勒斯坦形象的理解不僅依據
我們失去了什麼，還要依據我們正在塑造的
──從不存在、壓迫、流亡中爭得解放」（p.
135）。那麼，巴勒斯坦有待建構的又是什麼
呢？它不僅僅只是一個有待回歸的家園，一
群被世人遺忘、爲人扭曲的人民，一段過去
的歷史，更重要的是要透過所有這些來建構
一個希望，一個完全不同的未來，一種理解
人類、歷史、文化的基本要求和態度。這種
態度也從側面反映出薩伊德和後結構主義、
甚至文化研究的不同：不僅消解虛假的「宏
大敍事」，而且從歷史事實中建構起眞實的
宏大敍事與之對抗。

　　不論這裡的批判、糾正，還是重構、建
立，都牽涉到我們上文討論的再現問題。薩
伊德相信，整個中東、乃至東方問題，都是
一個再現問題，這在巴勒斯坦問題上尤爲明
顯：「我們必須正視的是個牽涉到再現的問

題，這個問題總是糾纏著巴勒斯坦問題」
（p.39）。這是因爲，巴勒斯坦或是根本得不
到再現，它的存在被視而不見，完全成了
「非存在物」（nonentity）；或是被歪曲、
扭變、誤現，呈現在世人面前的是一幅與歷
史、現實眞實完全不同的虛假再現圖景。當
然，根據後結構主義理論，再現就是闡釋，
具有極大的主觀任意性與猜測性。但是對巴
勒斯坦的再現中卻充滿各個利益集團的私
利、企圖、目的，其意識型態性大概是所有
再現中最明顯、最強烈的，這一點也是薩伊
德最關注的。

　　西方對巴勒斯坦的再現根植於西方傳統
數千年來對伊斯蘭敎、阿拉伯世界及東方人
的偏見與仇視，其中的原因較複雜，但文化
因素佔重要地位（p.xiv）：基督敎一直把伊
斯蘭敎看作威脅最大的異端邪敎，歷史上曾
發生過數次大規模的「十字軍東征」造成双
方的殺戮；而《聖經》中出賣、殺害主耶穌
的人中就有腓尼基人（巴勒斯坦人的前

身）。基督教對猶太教當然也視爲異端，歷
史上也有迫害猶太人的事例，但基督教對猶
太教有先天的承襲，所以對它的寬容度還大
於伊斯蘭敎。

　　與古代直接訴諸武力不同，上世紀末本
世紀初西方的征伐就是殖民主義，理由當然
冠冕堂皇：輸出文明、幫助窮國，並且是義
不容辭。「一個社會到達了高度成熟有力
時，就要殖民。它要繁殖，要保護，在良好
的發展狀況下要擴展，它爲新的社會注入精
力，產生出它。殖民主義是種社會生理學上
最複雜、最精緻的現象」（p.78）。上世紀末
法國地理學家勒盧瓦・波利厄（P. Leroy-
Beaulieu）的這段話只說出了西方殖民的一
半理由。另一半理由是：如果沒有西方殖民
主義的改造，愚昧民族將永遠不可能發展。
如一位尙開明的社會學家就認爲非洲人天生
有兩大缺陷：不誠實，不講信用，以及頭腦
愚笨，不懂思維。阿拉伯人也不例外：「阿
拉伯文明只是騙局──它和對阿拉伯人的侵

略恐懼一樣早已不存在了。它只是希臘羅馬文明的最後一線光亮，並在伊斯蘭羸弱卻值得尊敬的手上熄滅了」（p.80）。巴勒斯坦也是如此：首先，它是非存在體。雖然兩百年來生活在巴勒斯坦土地上的巴勒斯坦人達百分之九十，但西方與以色列官方文件卻認為這塊土地屬於無人居住區，巴勒斯坦人不算正式居民，因為他們太野蠻、落後、原始，怎麼能和文明的開拓者相比？如此類推，一九四八年前存在巴勒斯坦國也就被成功地抹去了。現代的巴勒斯坦人倒是有了明確的身份：在西方的報刊、電台、電視裡，他們或等於難民，或屬於暴徒、鬧事狂、共產狂熱分子，或被視為恐怖主義者，只能由西方來教化、改造，或者消滅。薩伊德本人不贊同進行恐怖反抗，但認為現在的恐怖活動是由西方和以色列一手造成的：任何從事民族自治，爭取民族權力的人，一經發現就遭逮捕、關押、甚至殺害，結果倒真的產生出一批「恐怖分子」來（p.137）。

　　西方殖民者對待猶太人的態度則完全不同，這在上文已有論述，下面摘錄兩段非官方描寫，足可見西方的偏見有多深。

> 在像艾柯這樣大的阿拉伯城市，街道的擁擠、骯髒在西方遊客和以色列人心中引起同樣的厭惡感。而猶太人則嚴肅地看待家庭關係，仔細地和來自波蘭、德國的孤兒一同工作，……但在又窄又髒的街道上，那些頑童邋遢、輟學、染病、又哭又叫、沿街乞討，眞讓人厭惡。

　　這裡猶太人和西方人顯然具有相同的文明水準，而阿拉伯人則毫無人性，棄家遺子，不負責任。作者威爾遜（E. Wilson）算是公正、正直的作家，描寫的又是親身經歷，所以具有更大的權威性、欺騙性（p.35）。英國十九世紀著名女小說家艾略特最後一部小說的主題就是精神流浪，內容則是猶太復國。薩伊德指出，艾略特在小說中把猶太復國主義描繪成光明先進的西方改造落後殘暴的東

方的手段，滿含對東方的鄙視，認為只有猶太人才能恢復「希望之地」的繁榮，這些都是後來猶太復國主義所大力鼓吹的，只是所有的語言不像她的那樣富於詩意罷了：

> 人類生活⋯⋯理應紮根在故鄉的一方
> 土地上，藉此獲得親情之愛，獻給大地，
> 獻給辛勞的人們，獻給呼喚它的聲音，
> 獻給那片初生的家園，它在未來不斷拓
> 展的知識中具有一種熟悉、清楚的特徵
> （pp.62-8）。

　　為了爭取西方的支持，猶太人採取了一系列策略，尤其是在話語上與西方保持一致。猶太復國主義的出現在時間上與歐洲強烈的領土擴張、殖民佔領完全相同。而且猶太人從不使用「民族解放運動」一類的詞語，而宣稱是對東方家園的「殖民拓居」（colonial settlement）。其次，猶太人把自己再現為德國納粹的受害者，是反法西斯的鬥士，自然引起深受二戰之苦的西方的同

情，更不願承擔「反猶」的惡名。同時，阿
拉伯人被再現爲暴民，有量無質，不懂文明、
進步，社會黑暗，百萬猶太人在億萬阿拉伯
人的包圍中，受盡欺辱，尤甚於納粹的迫害。
最重要的是，阿拉伯人被等同於共產分子，
專制獨裁，是西方文明的天敵，猶——阿之爭
便成了西——東之爭的一個部分，是民主和
極權的較量，猶太復國計劃也就負起了神聖
的使命：用西方式的民主自由去影響改造愚
昧落後的東方。正因爲如此，猶太人也就成
了西方在中東的理想的化身，如《紐約時
報》稱以色列對巴勒斯坦領土的佔領是「共
同生活在一起」，把充滿火藥味的定居點再
現爲「兩個民族和睦相處的楷模」（pp.24—
38）。美國曾一再譴責前蘇聯、智利、非洲的
人權狀況，但對於以色列的戰爭暴行卻實行
封鎖，儘管聯合國觀察員、大赦國際、紅十
字會，及美國——阿拉伯研究會的各種報告
均送往政界要人及各大媒體。對於三十年來
上百萬巴勒斯坦難民流離他鄉，媒體的再現

卻是：他們走出是出於自願，以便阿拉伯國家的猶太人回國定居，這是雙方在「交換」居住地！以色列不僅承襲了新、老殖民者的話語，而且在作法上有過之而無不及。殖民宗主國從未打算和殖民地溶爲一體，以色列卻造就了一個新老居民共處的社會，並把舊居者或者轉化，或者排斥，最終使新居民成了名正言順的「當地人」（native）。以色列一閣員曾爲總理擬定過一份「以愚治愚」的計劃：(1)教育水準低的阿拉伯學生大學升學標準不降低，用達爾文（C. R. Darwin）的自然選擇法淘汰他們；(2)讓入學的阿拉伯學生學習理工，這樣退學率高，思想也好控制，可謂一舉兩得；(3)鼓勵他們出國，限制歸國（指回到以色列），就業從緊；(4)嚴懲違紀學生；(5)加大分化力度。這些做法比殖民主義高明得多，眞是靑出於而勝於藍（pp. 107-10）。

巴勒斯坦人不僅受到以色列的直接迫害和西方媒體的誤現，而且也受到自己阿拉伯

「兄弟」的欺侮，薩伊德對此也毫不掩飾他
的憤怒。他曾這樣描述過近東的政治形勢：
「近東歷史的一個重要的不尋常方面，就是
其中存在著活躍、善辯、更不用說好爭鬥的
詮釋機構，通常依附於小國政府，都想力爭
甚至常常硬行（如以色列）把自己的觀點強
加於這個地區」（p.145）。這裡的小國政
府，當然包括巴勒斯坦的「盟友」，他們雖
然反對以色列，但對於巴勒斯坦問題卻各有
主意，主要出於自己利益的考慮，最終受損
的還是巴人自己。如黎巴嫩有大批巴難民，
巴勒斯坦解放組織（PLO）及武裝部隊也
在那裡，但行動要受黎的限制，受敘利亞的
控制。約旦的巴人雖具有約旦國籍，但反而
具有雙重身份的危險：既非約旦人，也非巴
勒斯坦人，完全是寄人籬下，不受專門法律
的保護，也沒有充分的自由。七〇年代初約
旦對巴勒斯坦人的屠殺至今仍令巴人心驚膽
顫。一九七九年三月二十六日埃、以在華府
調停下簽署了大衛山莊和平協議，薩伊德認

爲這是一個阿拉伯大國對巴勒斯坦的又一次
出賣。協議對巴人的處境，還有以軍對西岸、
迦薩、戈蘭高地的佔領等一字不提，埃總統
沙達特（A. al-Sadat）爲了不「刺激」以
色列，在簽字儀式上故意不提巴勒斯坦，只
使用「自治可能性」等一些空泛的措詞。得
到好處的只有埃及（西奈半島被歸還）和以
色列（了卻了百年的夙願：猶太復國主義的
合法化，分化了阿拉伯，獲取大批廉價埃及
勞工），以及美國對雙方二百多億美元巨大
經援、軍援的承諾。對於西方歡呼的所謂埃、
以雙方達成的巴勒斯坦「自治」共識，實質
是：「巴勒斯坦人其中的一部分（不到三分
之一）被許諾享有一部分權力（不包括建國
權和公民權）及一部分土地（不足原國土的
五分之一），而且這個許諾有待在未來兌
現，兌現的每一步以色列都具有決定性的否
決權。除此之外，大多數巴人只得永遠失去
巴勒斯坦國身份，永遠離鄉背井，永遠四下
漂流，永遠過著國家沒有希望和意義的生

活」，最後的結果便是「受埃及、以色列、美國無限期軍事統治的巴勒斯坦『自治』」，巴人得到的只是「持續的國家非獨立」，土地的「非地」(non-place)，人民的「非人」(non-presence) **(pp.205-13)**

巴勒斯坦人的痛苦，局外人是難以想像和體會的，也只有薩伊德這樣有巴人身份的人纔能把這個痛苦表達的如此深切：「在大多數情況下，巴勒斯坦人都是局外人，往裡窺探，卻每每發現這樣的事實：時時的驅趕竟是他們生存最主要的特徵。……我們越想否認這一點，就發現這一點越無法否認」**(p.174)**。現在的狀況是：四百萬巴勒斯坦人中，六十多萬生活在以色列，一百多萬生活在以佔區（加沙等地），一百多萬在約旦，四十多萬在黎巴嫩，其餘一百多萬流落在阿拉伯半島各國，儘管受到的對待各有不同，但都是二等公民，整體形象完全被阿拉伯世界淹沒了。巴勒斯坦詩人戴衛希（M. Darwish）做的《身份證》一詩便是這種情

況的寫照：

> 證件！
> 我是阿拉伯人
> 我的身份證號碼
> 是第五萬號
> ……
> 證件！
> 我是阿拉伯人
> 沒名沒姓──沒有頭衛
> 耐心地呆在某個國家
> 而人民則憤怒著
> ……
> 因此！
> 證件第一頁的前面寫著：
> 我不仇恨人類
> 也不侵害他人
> 但如果我感到飢餓，
> 掠奪者的軀體就會是我的飯餚，
> 當心──當心──當心我的飢餓

當心我的憤怒！

巴勒斯坦紛爭是由老殖民主義者英國引起的，但發展成今天這樣一個世人瞻目的國際問題，卻是新殖民主義者美國造成的。它使中東地區幾十年來或戰戰和和或不戰不和，完全是爲了讓它服務於自己的切身利益以及西方對東方的整個遏制對抗戰略。它需要中東的石油，並且要保證石油的價格符合它的利益；它需要中東這個大市場來促進美國的貿易，推銷美國的商品，尤其是它的軍火（實際上中東的這種狀況使它一直是美國最大的軍火買主）；另外，中東聯結亞、非、歐三大洲，從地緣政治上說，在這裡有一個穩固的立足點，有利於它的全球戰略。尤其當蘇聯插手中東事務後，美國需要尋找政治、軍事盟友，以抗衡蘇聯的影響。出於這些考慮，美國需要維持中東的現狀，扶植「溫和派」阿拉伯領導人，維護這一地區的相對穩定，因爲這符合美國的利益。它保護

阿拉伯世界的親美政府，儘管它們大多都是少數派當權的專制、封建、極權政府；它支持獨裁的伊朗國王巴列維，後來又以石油、武器、美元、情報來顛覆何梅尼（A. Khomeini）政權；它支持兩伊戰爭中的伊拉克打擊「伊斯蘭極端主義的」伊朗，伊——科戰爭中又親派大軍掃蕩伊拉克。不論做所有這些的理由如何冠冕堂皇，真正的原因只有一個：美國的利益。

薩伊德雖然只是理論家而不是職業政治家，卻並不掩飾自己的政治態度：揭露所謂的西方阿拉伯問題專家在「知識」的幌子下用沿襲已久的西方話語對巴勒斯坦問題所做的種種設限，打破他們在這個領域裡的意識型態壟斷和封鎖。他多次說過，他的見解不是專家之見，但也不是個人所聞，而是「基於人權及複雜的社會經驗之上，盡量用日常現實語言對現實的再現」（p.xv），這些都和西方其他先鋒理論不同之處。薩伊德關注巴勒斯坦人的處境，仇恨猶太復國主義，但他

反對激進的暴動、恐怖活動，甚至不主張一味地武裝反抗，而是首先需要喚醒國人的意識，揭開事件的眞相：「能夠對猶太復國主義和以色列壓迫生於此長於此的巴勒斯坦人的日益有效性，有一個全民的詳細的認識，有一個歷史的了解，這已經是巴勒斯坦人意識上的一大進步」，對這種有效性採取相應的對策，要比「鼓勵村民拿起棍棒武裝反抗」更爲急迫 **(p.179)**。但是理論鬥爭不能紙上談兵，要避免侈談「解放」、「革命」這些浮誇的詞彙，重要的是深入實際，獲取實際經驗 (experienced reality)，找到問題的實質和要害，爲巴勒斯坦人民的政治前途指出一個方向。

二、伊斯蘭問題

　　在《巴勒斯坦問題》出版後的第二年，

薩伊德又寫了《對伊斯蘭的報導》一書。前
部書的討論只涉及三萬平方公里、幾百萬人
口，後部書則涉及亞、非幾十個國家、八億
之眾。可以說，這部書是對巴勒斯坦研究的
一個補充、發展、和進一步的說明，是在更
宏觀的範圍對後殖民主義問題的把握，因為
許多伊斯蘭國家和地區都曾是英、法的殖民
地，而幾乎所有的伊斯蘭國家都受到美國新
殖民主義的影響。此外，這部書討論的主題
卻更集中，僅限於西方（尤其美國）新聞媒
體對伊斯蘭的扭曲、誤現、醜化（本書的副
標題就是「媒體和專家們如何決定我們該怎
樣看待世界其他地區」）。

要談伊斯蘭問題，不能不簡單說一下和
伊斯蘭教有關的背景。伊斯蘭教是世界三大
宗教之一，信仰伊斯蘭教的教徒稱為「穆斯
林」。該教源於阿拉伯半島，所以穆斯林世
界主要指阿拉伯國家，有一億多教徒，但亞
洲、非洲也有大量穆斯林，伊斯蘭教在歐洲
是第二大宗教（僅次於基督教），在美國的

發展也很快。伊斯蘭教的創始人是穆罕默德
（Muhammad），被穆斯林尊爲「先知」。
他的名字在阿拉伯語中意爲「服從」，《可
蘭經》（*Koran*）中的定義是「服從於眞主
的意志和戒律」。他紀元570年生於沙特的麥
加（故麥加是穆斯林的「聖城」），四十歲
蒙受「眞主」啓示開始傳敎。穆斯林的「聖
經」《可蘭經》據說就是穆罕默得先知在二
十二年的傳敎生涯中受到眞主啓示的輯錄，
所以《可蘭經》的作者被認爲是眞主本人。
穆罕默德初始在麥加的傳敎受到當地人的嘲
弄，不得不在622年（這一年現在是伊斯蘭歷
史的起始年）離開麥加去另一城市麥地那
（現在也是伊斯蘭敎聖地之一），在那裡他
大獲成功，被尊爲精神領袖，然後他率領衆
信徒發起征服麥加之戰，麥加遂於630年投
降。此後的三百年，經過伊斯蘭敎學者、權
威的不斷修訂，形成了一套完整的伊斯蘭法
則、戒律、神學，它們在伊斯蘭世界的地位
高於一切，社會的一切方面都必須符合伊斯

蘭教的價值觀。伊斯蘭信徒有五大義務（即pillars）：堅信真主至高無上；每天五次祈禱；貢獻一定的收入；遵守齋目（Ramadan）習俗；只要財力許可，一生至少去麥加聖殿朝拜一次。伊斯蘭教中有一個信念叫jihad（聖戰），近年來西方對此尤感惱火，把它等作恐怖活動。其實它的本意是按照伊斯蘭教教規去改造世界，包括可以動用武力，但這是指透過國家機構強制貫徹伊斯蘭教義，並不是提倡領土擴張、侵略、或強迫非穆斯林皈依伊斯蘭教。

伊斯蘭教堅信其教義的唯一性、絕對性，所以不與其他宗教交往，只是現代纔和基督教、猶太教對話，承認它們的存在。但在歷史上，它卻和西方基督教有過大的對抗，造成兩大教派根深蒂固的相互仇恨。十一、十二世紀歐洲基督徒向伊斯蘭世界發動了一系列「十字軍東征」（crusades，因基督徒戰士皆胸佩十字架），目的是從穆斯林手中奪回聖城耶路撒冷和其他幾座聖地。當

時土耳其帝國擴張，基督教的拜占庭帝國也受到東方人的入侵；另外，教皇也想趁此機會擴大政治、宗教影響，歐洲的商人、封建領主也想擴大市場和領地；基督徒則把此戰作為個人獲得拯救的途徑。所以這是一次宗教狂熱加貪婪冒險的討伐。第一次東征以法、意、荷等國為主，於一○九九年七月十五號攻佔耶城，城中之人全部殺盡。但穆斯林在撒拉丁統帥下於一一八七年十月奪回耶城，此後教皇又組織數次東征，都無功而返，直到一二二七年的東征才重獲耶城，但數年後又被穆斯林奪回，此後三十年間的幾次東征皆告失敗。延續近兩百年的十字軍東征給伊斯蘭世界並沒帶來大的後果，倒是對歐洲影響更大：除了打通了貿易通道之外，還煽起了東征討伐的慾望，在戰爭期間積累下的異域管理經驗為歐洲人管理此後的殖民地提供了參考。

　　十字軍東征結束百年之後，東方的穆斯林對歐洲的基督徒發動了戰爭，即鄂圖曼帝

國（Ottoman Empire）的西征。鄂圖曼帝
國所在的小亞細亞自紀元前三世紀始被歐洲
的馬其頓帝國亞歷山大大帝所佔，不久後成
了羅馬帝國屬地，四世紀大羅馬帝國分裂
後，又歸東羅馬（拜占庭）帝國管轄。十四
世紀鄂圖曼王朝日漸強大，鄂圖曼大帝
（Osman）徵召成千上萬的阿拉伯人、土庫
曼人等（大部為穆斯林）進攻小亞細亞的拜
占庭人，佔領首府帕莎，繼續向拜占庭的歐
洲部分進軍。鄂圖曼的後世君王經過與歐洲
基督徒的長年戰爭，先後佔領塞爾維亞、保
加利亞，並在一四五三年佔領拜占庭帝國首
府君士坦丁堡（Constantinople）。隨後橫
掃多瑙河以南的基督徒君主領地，佔領匈牙
利和維也納。但由於鄂圖曼帝國閉關自守，
自以為還強於歐洲基督教世界，所以很快落
後於歐洲。奧地利率先擊敗鄂圖曼艦隊，歐
洲各國也聯手攻之，從政治、軍事、經濟、
外交上不斷削弱它，使它到了十九世紀已自
顧不暇。但歐洲並不想滅掉它，因為需要它

的廉價原料和廣大市場，所以和蘇丹王簽署協議，允許歐洲人在鄂圖曼帝國內行使歐洲的法權（這種做法和殖民統治有些相似），致使當地的民族工業幾乎消失，並被迫向歐洲大量借款，到十九世紀後期，國家年收入的一半要用來償還歐洲的利息。

　　從以上的歷史回顧中可以看出，近千年來基督教和伊斯蘭教一直處於爭執之中，基督徒和穆斯林也相互敵視，雖然其間雙方的強弱、勝負有變化，但隨著十七世紀歐洲在科技、政治、軍事、經濟上的崛起，伊斯蘭世界基本上成了基督教世界統治的對象。此外，以上僅僅只是事件的敘述，圍繞的也只是對耶路撒冷和巴勒斯坦這個雙方共認的聖城、聖地的爭執。但在這個客觀原因之外，還存在著兩大宗教內部由來已久的相互懷疑、不信任、敵視及由此產生的積澱極深的偏見。本世紀二戰結束之後，隨著英、法、荷等老殖民主義退出歷史舞臺，東、西兩大宗教的直接正面衝突基本結束，但雙方文化

深層中對敵對狀況仍然存在。此外，隨著以蘇、美為首的兩大政治軍事集團全球對抗的持續與加深，東西對峙也愈加明顯。由於中東地處戰略要地，又是西方的石油命脈，加上蘇聯人的介入，以美國為代表的西方新殖民主義開始了新的海外爭奪，主要是意識型態方面的爭奪，而這種爭奪完全基於西方對阿拉伯世界、伊斯蘭教及穆斯林由來已久的偏見、懷疑和敵視，所表現的一個主要方式，就是西方（這裡主要指美國）新聞傳媒對內對外在伊斯蘭問題上所做的各種報導，揭露這些意識型態誤現就是薩伊德《對伊斯蘭的報導》一書的主旨。需要說明的是，本書中提及的事實限於七〇年代，但薩伊德在書中的評論裡所得出的結論，對今天仍然有效。

首先薩伊德區分了作為普通名詞的「伊斯蘭」和西方學術界或歐美傳媒中所用的「伊斯蘭」：後者實際上是一種複合體，「部分是虛構，部分是意識型態標籤，最小的那部分是指一個稱為伊斯蘭的地區。（**參**

考書目 28，p.x，本節中此書只注頁碼）」因爲
世界上的穆斯林有八億，分部在世界各地幾
十個國家和地區，形成的部族近百個，不同
的穆斯林社團有不同的歷史、地理特徵、文
化、習俗，即使伊斯蘭教的中心中東地區，
穆斯林也各不相同，絕不是西方觀念中的單
數「伊斯蘭」所能容納概括的。從這個意義
上來說，此複合體籠統地泛指伊斯蘭，或者
是毫無意義的空談，或者是別有用心的誤
現。但可悲的是，後者正是西方學界、媒體
的現實：

> 報導伊斯蘭並不是眞正意義上的詮釋，
> 而是權力表現。傳媒對伊斯蘭想怎麼說
> 就怎麼說，因爲它們能夠這麼做，結果
> 是所有的報導不加區別地談論懲罰壞
> 伊斯蘭或襃揚『優秀』穆斯林（如在
> 阿富汗），其他的都看不到，因爲只要
> 對已經達成共識的重要性稍有超越，便
> 被認爲有悖美國的利益，不符合傳媒關

於好新聞的定義（p.142）。

　　薩伊德的這個觀察是很深刻的。西方素
來誇耀自己的新聞自由，西方新聞記者也有
權利從自己認為合適的角度報導事實，不必
擔心批評的尖銳，也不用特意去逢迎討好什
麼人，因為從理論上說言論自由不受官方干
涉。客觀地說，西方社會透明度很高，記者
也享有比較充分的新聞自由，即使存在官方
的控制、干涉，也只是少數現象，像戰爭期
間的新聞檢查，或冷戰時代麥卡錫主義那樣
的干涉，早已不存在了。那麼，是什麼造成
了西方傳媒在報導伊斯蘭問題上具有如此大
的共同局限性呢？在薩伊德看來，原因主要
有兩個。首先美國官方雖然沒有對媒體的運
作進行公開干涉，卻暗地裡透過它所掌握的
或受它影響的權力機構對傳媒施加各種影
響。由美國政府所設立的各種中東問題研究
所直接服務於美國的外交政策和戰略利益，
美國各大學、研究院的伊斯蘭問題專門研究

也多以形成已久的殖民主義偏見爲依據，在立場、方法、觀點上和美國、西方的利益保持一致。由美國大公司、財團資助的專項研究更是爲了直接的經濟利益，不可能公正地對待伊斯蘭。例如伊朗國王（Shah）當政時，美國的伊朗學研究主要靠美國政府和「巴勒維基金會」的資助，一切研究都以伊朗王朝必然存在爲起點，美國政府也以巴勒維王朝的存在爲理所當然（因爲伊朗長期接受美國大量的軍事經濟援助，政治上親西方，軍事上強大），因此當巴勒維倒台時美國政府目瞪口呆。可悲的是，傳媒也受到感染，一直在錯誤地報導伊朗所發生的一切，對突然爆發的伊斯蘭風暴竟無法解釋。這表明，所有這些機構不僅在政治、經濟上握有實權，而且可以對新聞媒體施加巨大的意識型態影響，使它成爲服務於自己的輿論工具。

　　西方傳媒的另一個問題出在它自身，對薩伊德來說，這個問題更加嚴重。首先，美

國政府及學術機構對阿拉伯世界缺乏整體了解，對伊斯蘭研究重視不夠，對穆斯林的習俗觀念心態知之甚少，而西方傳媒所賴以爲據的正是這似是而非的西方「阿拉伯學」而不願去深究。其次，美國學者太限於書本，尤其是把「古典」的伊斯蘭研究奉爲圭臬，墨守成規，筆下的伊斯蘭、穆斯林仍然是幾個世紀沿襲下來的模樣，而記者們也全盤接受，不屑實地考察，對當代伊斯蘭現狀幾無了解。薩伊德曾感慨道：現在像本世紀的勞倫斯（T. E. Lawrence，英國探險家，一戰中曾率阿拉伯人反抗鄂圖曼帝國，受到伊斯蘭世界的廣泛尊重，他以阿拉伯經歷爲背景的作品極受歡迎）和貝爾（G. Bell，英國考古學家，曾在阿拉伯半島及小亞細亞長期研究，後爲英國政府官員，爲具有影響力的中東問題專家）這樣既有實地經歷又會獨立思考的西方記者實在太少了（p.17）。

此外，現在的西方記者太依賴專家的二手資料，不去學習阿拉伯文，了解穆斯林習

俗，結果只能加強傳統的謬見，發回的報導
也只能是誤現。一九七九年伊朗人質危機
時，美國傳媒駐德黑蘭的記者有三百人，卻
沒有一人懂波斯語，結果使用的幾乎是同一
種術語，報導的也都是相同的事件，反映不
出新意。無怪薩伊德氣憤地說：「伴隨著這
種傳媒宣傳（coverage）的，是大量的遮蓋
掩飾（covering up）」（p.xii），產生的不
是當時當地的客觀現實，而只是「辭藻政
治」（word politics）。中東學沿襲了一種
壞的學風：學者們結成羣體，老帶少，少依
老，文章照慣例，書評相互吹捧，術語高深
莫測，外人根本進入不了，很少對立論依據
或研究方法提出質疑，更絕對不談學術和權
力、再現的關係，而這一切卻被傳媒完全接
收沿用了。在薩伊德看來，這麼做缺乏知識
分子最基本的素質：思考力、判斷力、批判
力。「所有有關人文科學（而非自然科學）
的知識都是歷史性知識，因此有賴判斷、詮
釋。這並不是說客觀事實和數據不存在，而

是說只有經過詮釋後的事實纔具有重要性。
（p.154）」就是說，詮釋（包括新聞報導）
需要詮釋者的個人立場，要表明詮釋的目
的，要分析歷史境況，和所論及的地域文化、
人民密切聯繫，並要作具體分析，不可盲從
偏信，要把研究或報導等同於社會實踐活
動，貼近詮釋目標，和傳統之見保持距離
（alienation）。

　　西方官方、學界及傳媒對伊斯蘭的誤現
問題仍然屬於後結構主義極關注的再現問
題。新歷史主義的主要批評家格林布拉特
（S. Greenblatt）在談到新歷史主義的方法
論特點時就說過：「文學作品是交流協商的
產物，一方是具有複雜的、享有一套共同傳
統的作品創作者，另一方就是社會機構和操
作。（參考書目 35，p.12）」也就是說，文學文
本是和社會大文本相互結合的產物，因此審
美活動和社會政治經濟活動並沒有大的區
別，雙方的再現是相互的，更確切地說，雙
方的再現是相通的，甚至是相同的。傳媒宣

傳也是一種文本,是和社會文本結合得更緊
的文本,或者說它就是社會文本的一部分,
它所做的再現就是社會所做的再現,而社會
的再現無疑是意識型態的再現。格林布拉特
曾舉過一個有趣的例子:美國政治分析家羅
京(M. Rogin)曾注意到雷根總統 (R.
Reagan) 在幾次重大事件關頭都引用他過
去做演員時在電影中使用的台詞,因此他在
任期間最光輝的時刻不僅可以拍成電影,它
們本身就來自於電影:「確實,他的政治生
涯依賴一種能力,把他自己和大批觀眾投射
進一種境地,使他們區別不出模仿和現實。
(同上,p.6)」羅京的話曾引起《紐約時
報》、哥倫比亞廣播公司 (CBS) 甚至白宮
的興趣,足見任何再現歸根到底都是權力、
意識型態的再現。

美國傳媒常用的再現手法就是貼類屬標
籤,例如阿拉伯世界是野蠻世界,西方世界
則代表文明,然後再加上自然聯想:野蠻必
然邪惡,文明必然高尚,最後把這些標籤和

偏見一一對應於所報導的阿拉伯世界的客觀
事實，最後經過如此誤現的「事實」又反過
來證明標籤的正確。要糾正傳媒的誤現，
「與其想辦法繞過這些標籤，我想更有效的
方法就是首先承認它們的存在及長期被濫用
是文化歷史的一個部分，而不是客觀類屬。
（p.9）」標籤式再現的後果，就是傳媒報導
中以偏概全，以謬代真；更爲嚴重的是，它
足以爲西方的軍事侵略製造藉口：

> 那些以報導伊斯蘭世界爲職業的人很
> 少意識到具體細節、人的複雜性及阿拉
> 伯穆斯林的感情。我們得到的只是對伊
> 斯蘭世界一些有限的、粗糙的、概全化
> 了的醜化圖像，展示的方式也是以使那
> 個世界容易招致軍事入侵（p.26）。

對於再現所能造成的後果，西方學者或
傳媒要麼沒有意識到，要麼故意裝做不知，
因爲他們從來沒有公開談論過這一點，更談
不到承認了。他們一再表白的，都是學術的

非政治性、非功利性、新聞的獨立性、中立性、客觀性。如莊園圖書公司出版了伊朗宗教領袖何梅尼的文章《伊斯蘭政權》，卻加上了副標題：「何梅尼的《我的奮鬥》」，並在書中的一篇分析文章中稱：何梅尼是當代的希特勒，是一個「暴君，世界秩序、和平的仇恨者折磨者和威脅者」。這種再現透過把公認的瘋子希特勒和何梅尼相連，把何梅尼等同於全體穆斯林，再透過這樣簡單的類比把世界一分爲二：親美／反美，親共／反共，正義／邪惡，民主／暴政，如果對後者進行彈壓，誰還能表示反對呢？如果反對，無異於希特勒的同類。因此薩伊德把這種再現邏輯稱爲「典型的種族優越論，純粹的誤導」，由此產生的穆斯林根本就不是客觀存在，而是主觀臆造，或有意歪曲：

> 伊斯蘭是客觀事實。對非穆斯林人來說，他們一定要用某種意義來把那個或集體或單個地面對他們的東西的模樣

固定下來，使它擬人化，並以某種印記
表達出來 **(p.41)**。

　　西方學者則把對伊斯蘭的再現簡單地稱
為純學術研究，甚至有的學者連這一點也不
承認，因為穆斯林這種「落後愚昧」的羣體
根本沒有研究的價值，他們這麼做純粹是為
了個人的新奇感或癖好。在《美國學者》雜
誌一九七九年夏季號上英國著名伊斯蘭學者
路易斯 (B. Lewis) 在〈中東研究之現狀〉
一文中就說，不同社會、文明間的研習借鑒
只是低級向高級，高級完全沒有研習低級的
必要，而自文藝復興以來數百年歐洲對遙
遠、陌生文化的研究只是出於研究者的個人
興趣，或為了滿足「知識好奇心」。並且認
為這種研究關注的也只是宏觀規則和外部價
值，不牽涉具體的政治紛爭和利益糾葛。薩
伊德認為，這種貌似清高超脫的態度其實也
是一種霸權的表現：自認為只要能說學術語
言，掌握了它的概念，會運用它的技巧，獲

得過什麼證書，就可以直接到達科學眞理，其實是在顯示自我完善、自我糾正、自我肯定的優越感或權利。至於所謂的「興趣」、「好奇心」，它們從來就不存在於眞空之中：「興趣來自於需要，需要依賴於由經驗激發起來的一組共同作用的東西──慾望、恐懼、好奇等等──不論何時何地，只要人類存在，它們就總在起作用。」（p.131）。

　　要解釋、研究一種異域文化，一定有先在的環境，對歐洲人來說，這總是商業、殖民、軍事擴張、佔領、建立帝國……在當代仍然談論學術的非功利性，不是幼稚無知就是拙劣的遮掩。但人們早已經歷過殖民主義的種種做爲，誰還會相信這些空談呢？要證明這一點不必去翻殖民主義的劣迹史，學術界本身就足夠了。

　　從一九七一至一九七八年福特基金會在普林斯頓大學召開過四次中東問題專題系列研討會。前者是美國社會科學的最大資助者，後者是近東研究權威機構，足見這種會

議的重要性和權威性。這些研討會討論阿拉
伯語言嗎？太局限了。討論阿拉伯風俗嗎？
太陌生了。它的主題正是阿拉伯的政治、經
濟、歷史、社會。如第一次專題會的議題是：
奴隸制和與伊斯蘭非洲有關的機構。意思很
清楚：挑撥非洲和伊斯蘭阿拉伯人的關係
（以色列學者就多次宣傳阿拉伯人欺騙過非
洲，不可信），而阿拉伯伊斯蘭學者不在邀
請之列。第二次會議的主題是：中東穆斯林
國家少數民族，尤其是宗教少數民族的地
位。這裡的「少數民族」原指鄂圖曼帝國時
期的阿拉伯少數民族部落群體，二戰以後這
些群體大都主張消除民族、宗教分裂、保持
民族團結，只有以色列、黎巴嫩還想保持少
數民族自治國的形象，可見這個主題本身就
別有用心。會議的參加者是對伊斯蘭教不滿
的少數民族代表，會議召集人竟然就是前面
提到的那位主張純學術的路易斯，而代表巴
勒斯坦少數民族發言的竟是一位以色列教
授。會議的中心議題就是所謂的「民族性格

研究」，結論是：穆斯林生活在一個虛構的
世界，家庭受壓制，政治領導人精神變態，
社會還未成熟……（pp.136-9）。

　　如果說西方對伊斯蘭的再現是誤現，以
上的事例則說明這種誤現根植於西方近千年
來對伊斯蘭的偏見。十字軍東征以後，尤其
是鄂圖曼帝國對歐洲的戰爭之後，基督教西
方把穆斯林看作兩種類型的結合體：既是劣
等民族，愚昧無知，冥頑不化；又是野蠻粗
暴，侵略成性。中世紀以來，伊斯蘭教在歐
洲一直被公開當做異端邪說，褻瀆神靈，被
稱爲「魔鬼的宗教」。鄂圖曼帝國對歐洲的
擴張就被等同於「殖民戰爭」，是對基督教
徒的恫嚇。這種偏見不僅在西方政治中仍然
存在，而且也爲西方媒體所承襲，並且在意
識型態作用之下，成了西方記者潛意識中的
思維定式，使他們自覺或不自覺地使新聞報
導符合這種偏見。但西方的高明之處在於，
這一切都被「新聞自由」、「言論自由」的
標籤掩蓋了，常人感覺不到它的存在。再加

上新聞界受經濟利益驅動，要獲取利潤，所
以追求新聞的刺激、獵奇性，以迎合消費者
的需求。這一切都說明新聞獨立不可能真正
存在：

> 傳媒獨立不論在實踐中還是在理論上
> 都是件令人羨慕的事，但幾乎每個美國
> 記者在報導世界新聞時都下意識地認
> 識到，他的公司是美國霸權的參加者，
> 當此霸權受到外國威脅時，傳媒獨立就
> 要讓位於國家意識，讓位於忠誠和愛國
> 主義，當然這常常都不是公開表露的
> （p.47）。

美國記者在國外採訪要和本國使館聯
繫，不僅要報導已知的，更要搜集應知的，
且送回國後要經過嚴格編輯。薩伊德認為這
並不是說美國政府壓制新聞自由或搞思想專
制，而完全是「文化的結果」，是西方文化
本身所要求的。美國人通常認為只有共產黨
的宣傳經過審查，其實在美國也同樣如此，

只是讓人感覺不出。

　　以美國人質事件爲例。一九七九年十一月被伊朗伊斯蘭革命廢黜的前國王獲准入美國治病，此舉激怒伊朗，一羣激進靑年衝進美國駐德黑蘭使館扣押五十餘名使館人員，要求美國公開道歉，遣送原國王回國受審，歸還他在國外銀行幾十億美元的財富。美國並不因此檢討自己中東政策的失誤，而認爲這是伊斯蘭對西方又一次公然威脅。在此之前，一九七三年阿以戰爭之後石油輸出國組織（OPEC）曾因西方支持以色列而對它實行石油禁運，引起油價上漲，造成西方世界的恐慌。美國人民被告知受到了恐嚇，汽車無法使用，舒適生活受到干擾，不得不求人「施捨」。美國人民並不知道美國是否眞的缺油，也不知道石油提價是否和美國石油公司的利潤有關，加油站前的長隊是否是由宣傳有意造成，他們唯一知道的就是阿拉伯威脅。「伊斯蘭威脅論」立刻在傳媒上得到反映：世界馬上一分爲二；或親美或反美，報

導內容一切都圍繞人質事件，除此之外都不
重要。一連幾個月ABC、PBS及各大報刊雜
誌連續報導，採訪各個專家，反覆說明的只
有一點：伊斯蘭分子好戰、反美、危險。

在人質被扣的一年多時間裡，三百多西
方記者聚在德黑蘭，美國三大傳媒網（《時
代周刊》、《新聞周刊》、PBS）每天爲此
開銷百萬美元，還不包括用於飛機、設備，
及大量保障人員的費用。但當一位了解實情
的人回國後卻感到驚訝：「那些報導所用的
詞語數量和傳達的信息量並不成正比。事實
是許多詞語中沒有一點眞正的新聞……大多
數日子的報導都和前一天幾無二樣」。宣傳
的內容無非是：伊斯蘭人是什葉派，受毫無
理智的何梅尼的驅使，決心殺死美國「間
諜」，或者一心要殺身成仁。宣傳的目的
是：使美國人民團結一致，共同對敵。但對
伊斯蘭文化、歷史、發展現狀、民族心態等
卻沒有人寫（pp.75-100）。

稍有知識的美國人都可以看出美國傳媒

在報導伊斯蘭時使用了雙重標準：把穆斯林
的好戰歸元於宗教狂熱，但宗教狂熱各處都
有：教皇保羅二世（Pope John Paul Ⅱ）
出訪，百萬信徒爭見，美國政界要人也是熱
心的基督徒；猶太人的宗教信念也是無以倫
比。此外，單單把扣押人質稱爲「狂熱」也
不公正：美國獨立戰爭英雄亨利（P.
Henry）就充滿政治激情（「不自由，毋寧
死」）；二戰結束後幾千名法奸在數日內被
全部處決，這些不都沒人說「狂熱」嗎？經
過四百多天扣押後所有人質終於安全返美，
媒體一連多日喋喋不休，渲染人質如何受虐
待，但人質本人卻沒有一人公開承認這一
點。在新聞發布會上，有人說美國政府談論
「人權」、「折磨」是虛僞的表現，因爲它
曾幫助巴勒維折磨伊朗人民多年。對此在場
的美國官員避而不答，事後又以未聽清來搪
塞。人質事件的中間人法國律師布爾蓋（C.
Bourguet）曾對米特總統說，美國人質並不
完全無辜，因爲他們代表的是美國在人質所

在國犯下的罪惡。伊朗人並沒有虐待他們，
只是把扣押人質作爲反抗美國的象徵性行爲
（p.xxvi）。

　　其實，伊斯蘭世界對西方誤現、偏見的
反抗一直存在，只不過伊朗人的做法更加強
硬、激進，所以受到世界的關注。七〇年代
末，英國製片人安・托馬斯拍了名爲《公主
之死》的影片，也曾引起伊斯蘭的反抗。影
片依據的是歷史事實：一位沙特公主和平民
相戀最終被宮廷處死。電影的主題是一位英
國記者在中東調查此事的眞相：巴勒斯坦人
把公主被驅逐視爲尋找自由，貝魯特人把它
歸咎於宮廷內訌（正如貝魯特的現狀是阿拉
伯人內訌造成的），沙特人認爲公主被西方
用來詆毀阿拉伯人，而與沙特持不同政見者
認爲此事反映沙特上層的虛僞腐敗。電影在
英美上映後引起沙特政府的強烈不滿，認爲
它侮辱伊斯蘭，醜化阿拉伯人，因此撤回大
使，禁止去英國旅遊等。迫於壓力，美國政
府做出禁映決定。這兩個反抗似乎使伊朗、

沙特出了風頭，實際上卻是真正的輸家。不
管伊朗扣人質的理由多麼冠冕堂皇，扣押他
國外交官，佔領別國大使館，則有違國際公
法，只能引起西方民眾的反感、憤怒，反而
印證了阿拉伯人野蠻好戰、不可理喻這個概
全性誤現的正確。《公主之死》雖有大量誤
現，但沙特政府的介入反而加深了這種誤
現：「禁映」這種方式已被西方文化所唾
棄，只說明沙特國王的專制，說明影片再現
的真實，偏見反而成了事實。

其實，美國媒體的偏見極深的報導、廣
播，甚至中學教科書中或不提穆斯林，或一
再誤現，沙特國王也多次受到美國官員的有
意冷落，沙特政府對這些侮辱忍氣吞聲甚至
無動於衷，只有皇族公開丟臉，纔被迫做出
反應，這也確實說明了它的「腐敗無能」(pp.
65-71)。另外，二戰後美國為了其全球戰略，
積極推進了第三世界的「民主化」、「西方
化」，不過，沙特這樣的中東國家，雖然物
質上是富有的，但卻一直拒絕政治改革，由

此可見，他們仍然是個封建社會，這也因
應了「冥頑不化」的西方標籤。以色列則聰
明得多。它的新聞檢查更嚴，控制更緊，國
內的暴力行為更甚，卻把自己再現成「民主
自由」的文明社會，並得到西方公眾的認
可，當然西方傳媒起了巨大作用。

薩伊德認為，對西方媒體持有的偏見和
製造的誤現必須進行正當有效的對抗，以抵
消它的負面影響。最直接的方法就是在西方
大眾中展現東方的正常形象，這也是薩伊德
四部有關中東問題系列論著的主旨之一，但
這個工作主要由阿拉伯各國政府來完成，而
它們迄今做得實在太差。作為個人批評家、
理論家，薩伊德認為最重要的就是保持批判
精神，以批評距離 (sense of alienation) 代
替批評權威，對傳統偏見敢於挑戰，善於挑
戰，堅持挑戰，寸步不讓。要時刻提醒自己：
「是讓才智為霸權服務，還是服務於批判、
大眾或道德感。(p.164)」這也是另一位後
殖民理論家史碧娃克所說的，最好的辦法就

是在批評時不盲從傳統定義或借用現成標
籤，而是從這些定義、標籤下揭示出它們掩
蓋的東西，公之於衆，質疑批判它，使大家
看出其中的謬誤 **（參考書目 35，p.61）**。

三、西方帝國主義

　　薩伊德在詳細論述巴勒斯坦問題（《巴
勒斯坦問題》）和伊斯蘭問題（《對伊斯蘭
的報導》）之前，曾從後結構主義話語理論
的角度在宏觀上闡述了幾百年來西方帝國主
義製造的有關東方的神話，這就是著名的
《東方主義》。三部著作的寫作其實是同步
進行的，因爲它們儘管側重點不同，但內容
上連貫一致，且出版時間相當集中（一九七
九，一九八〇，一九八一）。九〇年代，他
又寫了《文化和帝國主義》，它和以上三部
在內容、方法、論述角度上幾乎沒有差別，

只是爲後殖民理論增添了更多的佐證，此外就是增加了對新、老殖民主義的反抗（第三章：「反抗和對立」）。四部著作中中間的兩部主題範圍較窄（巴勒斯坦和伊斯蘭），偏重細節分析，頭尾兩部題目較大，涉及面更廣，即西方帝國主義透過長期對東方的文化經濟軍事戰略而形成的「東方主義」，這也是本節的主要議題。

　　談到「主義」，人們自然把它和學術相連，接下去的推理也是：知識總是越來越接近眞理，學問總是越做越深入全面，方法總是越發展越精緻，學者總是尊重科學，偏見最少，學識也是一代強於一代。但在西方學者對東方的研究上情況完全不同，因爲東方主義是一套「規範化了的寫作，其觀念、研究完全受適合於東方主義者的規則、看法及意識型態謬見所主導」（**參考書目 25，p.202，**本節中此書只列頁碼）。這也是薩伊德一直強調的：學術不可能超脫，學問離不開社會，人文科學從來就不是客觀事實。

　　理論界對「東方主義」下過不少大同小異的定義，但它首先應看作帝國主義加文化的產物。那麼什麼是帝國主義呢？薩伊德說過：「在某種最基本的層次上說，帝國主義意味著思考（thinking of）、進駐、控制本不屬於你的遙遠的、由他人居住並擁有的土地。（**參考書目 31，p.5**）」在這個定義中帝國主義不僅具有傳統的解釋：對別國土地的軍事擴張、殖民佔領、異域統治、經濟盤剝，而且還包括文化觀念上的侵略：思考。「think of」在這裡包含多種意義，譯成「思考」也是無奈的「誤譯」。它首先指對他人之物強烈的佔有欲。康拉德《黑暗的心》中白人船長馬洛曾說起童年的願望：「我酷愛地圖，喜歡久久地端詳南部非洲、美洲、澳洲，沉浸在探險的榮耀裡。那時地球上有眾多空閑地帶，我要是在地圖上看到一個特別誘人之處（可是好像處處都誘人），就會用手指按住它說：我長大一定要去那裡」。這兒的「空閑地帶」指當地土著

人居住區，「去那裡」就是去佔領、統治。
兒時的馬洛當然並不了解這些，但這卻是十
九世紀西方人在殖民大潮中的普遍欲望。
「thinking of」還暗含統治者對被統治者
的優越感：那裡的土地荒廢有待開發，居民
野蠻有待教化，文化落後有待復興，文明低
下有待提高。最後，它又是觀念上的統治、
霸權的體現。在英、法等老帝國主義時期這
是不言而喻的：優勝劣汰，適者生存，這是
統治者和被統治者都明白的「客觀」真理。
美國新帝國主義時期這種觀念被「援助」、
「正義」、「自由」、「現代化」等漂亮詞
藻所掩蓋，對外擴張、思想統治被披上合理
合法的外衣，但帝國主義實質並沒改變。正
是在帝國主義的軍事擴展和文化滲透、控制
之下，纔產生出所謂的「東方主義」。

　　什麼是薩伊德所謂的「東方主義」？首
先，「東方」在這裡是個指涉較廣泛的地域
概念。十九世紀初僅指《聖經》中描寫的地
方（主要是中東地區）及印度次大陸，此後

伴隨西方的殖民浪潮又指英法等在海外的殖
民領地，二戰後又泛指歐美在第三世界的勢
力影響範圍。「東方主義」字面上指西方學
術機構的一個分枝，專門研究上述的東方地
區，故又稱「東方學」。但薩伊德的東方主
義還有更深的含義：首先它指由西方所謂的
東方問題專家（即東方主義者）對他們所界
定的「東方」所做的專門研究；其次它代表
一種思維方式，認爲先進的西方永遠凌駕於
落後的東方，這種思維「基於在『東方』和
『西方』之間劃出一條本體的、認知上的界
線」（p.3）；最後，它指一切與東方人打交
道的西方機構，打交道的方式就是對東方實
行統治、重構。由此可見，「東方主義」旣
是特定的地理概念，指客觀存在的那個與歐
洲相鄰、構成歐洲最大、最古老、最富有的
殖民地區域，也是政治文化概念，是由歐洲
殖民者杜撰出來的「他者」。這個他者雖曾
是歐洲文明、語言的發源地，卻在與歐洲文
化的競爭中徹底失敗，淪爲荒蠻地區。也正

是在它的襯托下歐洲（或整個西方）「先進」的觀念，人格、經驗纔得到充分的顯現。

談論東方主義還要避免對它的一些簡單化理解：它不僅指西方有關東方的一切文本，也不限於西方學者在東方研究中提出的政治論題，甚至也不要把它等同於西方控制東方的手段。這一切當然都包括在「東方主義」之內，但對薩伊德來說，東方主義首先應當被理解成西方利益的集合體，是「西方人地理意識在審美、學術、經濟、社會學、歷史學、哲學文本中的滲透。（p.12）」對知識分子來說，這種對利益的強烈意識最集中地表現在話語層面上。和理論話語對應的還有東方主義在現實（文化、歷史、地域傳統）中眾多具體表現，但對薩伊德來說，更重要的還是觀念中的現實，打破東方主義中人造的連貫性（created consistency），這也是爲什麼薩伊德把後結構主義時代稱爲「後啓蒙時代」（post-Enlightenment）：他要像十七、十八世紀的洛克（J.

Locke)、狄德羅（D. Diderot）那樣以理
智、科學、人文精神再一次打破統治人們思
想的愚昧、無知、迷信，引起一場新的精神
解放運動。

　　薩伊德之所以對新的思想啓蒙感到當仁
不讓，和他的雙重身份有關，即他在孩提時
代作爲東方人在英國殖民地的親身體驗：
「不論在這兩處殖民地（巴勒斯坦和埃及）
還是在美國，我的所有教育都是西方式的，
但童年的深刻意識一直伴隨著我。」這使他
更深切地體驗出「牢牢控制著阿拉伯、穆斯
林的那張由種族主義、文化定式思維、政治
帝國主義、非人道的意識型態編織起來的大
網」的後害：

> 東方人被糾正，甚至受懲罰，正因爲他
> 身處歐洲社會（「我們」的世界）之
> 外，東方人就這樣被東方化了。這個過
> 程不僅標誌東方人成了東方主義者的
> 研究領域，而且迫使對此毫無了解的西

方讀者把東方主義的編碼等同於眞正
的東方。一句話，眞理成了學術判斷的
作用，而不是材料本身的作用，而材料
似乎也歸功於東方主義者的發現（p.
67）。

這裡薩伊德表現了後結構主義的思維邏
輯：即使存在客觀材料，它所構成的「事
實」也是主觀人造的結果。從這個意義上來
說，東方人受到誤現，原因不完全在於東方
主義，還在於東方人至今仍然不能夠向西方
眞實再現自己的存在，因此薩伊德更感到有
責任打破這個自成一體、自我加強的封閉的
神話系統。

東方主義的再現客體是第三世界，它的
再現主體是誰呢？即東方主義這套完整的殖
民主義理論是由西方學界的哪些部門發展完
善的呢？這個問題的重要性在於，明確了再
現主體就明確了批判目標，明確了批判目標
就可以選擇最好的批判方式。薩伊德認爲，

東方主義主要產生於西方的政府、大學的研究機構、文化宣傳機構（博物館、電影院等），以及人類學、語言學、生物、文學、社會學等學科，產生於它們長期貌似科學，實則以想像爲主的「研究」中。這種研究有兩個特點：首先是一再宣稱學術中立性，研究者以學者自居，以純學術爲目的，強調研究的公正性和非功利特徵（uninterestedness）以及非官方性質，否認和「對東方有明確興趣的權力機構」有關聯。這種看法甚至在當代後結構理論中也有表現，在文本、語境、互文性裡兜圈子，不願談意識型態、政治機構的具體表現，不願實實在在地聯繫起上層建築和經濟基礎（pp.10-3）。第二個特點就是東方研究的「外部性」（exteriority）：

> 東方主義的前提就是外部性，即東方主
> 義者（詩人、學者等）讓東方人說話，
> 描述東方人，把東方人的神秘以簡單的

方式揭示給西方 **(p.21)**。

　就是說，西方學者的研究主要依賴「傳達」兩種人的聲音：東方人的聲音和西方學者自己的聲音。前一種其實是西方學者發出的，使東方人在他們的筆下被扭曲誤現，後一種則是西方有關東方的理論話語，世代相傳，甚至術語、措詞都長期不變。針對這兩個特點，薩伊德的對策是：揭示學術話語的霸權性，注重再現中的意識型態表現。

　薩伊德承襲了葛蘭西「文化霸權」說（本書第三章第三節），主張文化研究要從權力、階級、民族特徵入手，對異方文化的研究尤其要注意其中的支配和從屬關係，注意在文化價值達到共識中「強制性」的作用，以及這個過程中霸權／反霸權的相互談判、鬥爭。在東方學研究中，尤其是當代美國對待東方世界的態度上，

　　〔霸權〕並不表示當今美國文化話語
　和美國對處於從屬地位的非西方世界

的政策有種直接、強行的一致，而是一
套壓迫、遏制系統，它的整個文化主體
藉此保持主要的帝國身份與方向。這就
是爲什麼我們可以確切地説主流文化
在一段時期內可以保持規範性、完整
性、可預見性……文化在感官上的包容
能力使得任何人實際上可以説任何話，
但是任何説出的東西不是被歸在佔統
治地位的主流，就是被逐到邊緣 **（參考
書目 31，p.392）** 。

　　由此可見，東方主義、學術研究，乃至
文化整體，都是權力間相互作用的過程，是
主流對邊緣霸權統治的結果。因此，東方主
義不是簡單的謬見、誤現和神話，眞理一映
便會即刻消失，而是一套由「歐洲——大西
洋權力支撐的話語體系」，是由這個巨大的
編織機織成的意識型態大網，在這張網下，
東方主義者做了大量「物質投資」，產生了
爲它服務的一批政治經濟社會機構，這些機

構反過來又加強了它的邏輯性、合理合法性。東西方權力關係最集中的體現就是知識。十七世紀英國政治家培根（F. Bacon）的名言「知識就是力量」在東方主義得到了新的印證。邊緣之所以羸弱，中心之所以霸道，就在於後者對知識的壟斷。英國政治家巴爾弗（A. J. Balfour）一九一〇年六月十三號在下院的演說中說：「我們對埃及文明的知識強於對其他國家文明的知識。我們對她知道得更久遠，知道得更親切，知道得更多。她遠遠超過我們民族的短暫歷史，當埃及文明的顛峯已經過去之時，我們的史前階段還沒開始。看看所有這些東方國家，別去談論高貴和低下，……我們在埃及不僅只為埃及人（雖然我們確實為了他們），我們在那兒更多的還為了歐洲。（pp.32-3）」巴爾弗說得很明白：不必爭論誰強誰弱，強者就是知者，知識能夠了解一切，控制一切，知識的內容就是客觀事實（「既然我們知道它，它就在這種意義上以我們知道的方式而

存在」），這個事實就是：我們是主人，
「他們」是僕人，我們可以代表他們的一
切。

　　「我們」對「他們」的代表體現在社會
各個領域，在文化上最典型的表現就是再
現。在東方主義者眼中，東方和東方人的再
現幾乎千篇一律：東方是荒涼的沙漠，居民
爲遊牧民族，沒有固定的居住區，沒有文化，
沒有身份特徵。東方人在卡通片中總是驅趕
著駱駝，大鬍子，鷹勾鼻，戴面罩，更重要
的是，他們常站立在輸油管旁，是造成西方
石油危機的罪魁禍首。影視中的東方人則形
象具體，也更加邪惡：慣於撒謊，荒淫無度，
施虐成性，品格低下，或買賣奴隸，或幹洗
錢勾當，或綁架殺人。相比之下，猶太人則
成了反抗東方邪惡的代表，其形象常常近似
於美國西部片中的懲惡除霸的冒險英雄。一
九六七年六月阿以戰爭前，普林斯頓大學正
籌備第十屆校友聚會，它的近東研究系是全
美最老最好的系，所以聚會的裝束定爲阿拉

伯服飾：頭飾、長袍、便鞋。正式聚會時戰
爭已起，聚會也有了新的變化：人們的裝束
沒改，但人人舉手做投降狀繞場一周。

　　對東方的誤現影響較大的還是文學名家
名作中的描寫，因爲它們的讀者範圍大，說
服力強（作家總不是政治家），文學出身的
薩伊德對此最熟悉。意大利文藝復興時代的
大詩人但丁（Dante）的名著《神曲》
（*Divine Comedy*）中的「地獄篇」描寫的
是痛苦與絕望的境界，陰暗的色調和煉獄的
寧靜柔和、天國的幸福光輝形成強烈反差，
其中關押的人都犯有不可饒恕的罪孽。地獄
分爲上、下兩層共九圈，罪孽越深，關押的
層次也越下，受到的懲罰也越重。在第八圈
的下部接近第九圈（關押基督死敵Satan之
處），押著伊斯蘭教的先知穆罕默德和他的
大弟子阿里，罪名是反叛（但丁時代的基督
徒認爲穆罕默得原是基督紅衣主教）、貪權
（因圖謀敎皇職位不成纔另立伊斯蘭敎）、
貪色（他的周圍皆好色之罪人），這和當今

東方主義筆下的東方人特徵完全一致。對穆
罕默德的懲罰也很嚴屬：「從下巴到股溝被
劈爲兩半，內臟從兩腿間淌出，有心臟和其
他器官，以及那個把食物變爲糞便的臭皮
囊。（**參考書目 22**，p.963）」

　　但丁對東方的誤現完全出自他的先在偏
見，出自他和時代意識型態的認同，倒是情
有可原。奇怪的是，有些人起始時完全出自
對東方的熱愛，拒絕接受同代人的政治偏
見，但在與東方人的接觸中，逐漸自覺或不
自覺地變成了東方主義者，這正是東方主義
的可怕之處：在潛移默化之中改變人，控制
人，轉化人，並且做得不露蛛絲馬跡。法國
詩人拉馬丁（A. de Lamartine）雖然出身
貴族社會，但崇高人道主義，嚮往宗法社會，
所以並不相信西方古典作品中的描述，反而
憎恨羅馬人，對埃及、印度、古猶太文明懷
有感情。一八三三年他去東方，初始的經歷
使他陶醉，東方之廣袤更顯出希臘的渺小。
但時間不長，這位注重內心感受的詩人就從

所見所聞轉入沉思遐想，從眞實的東方人中
創造幻想的東方人：懶怠散漫，政治腐敗，
國家沒有前途，原來美好的約旦河現在只能
喚起心靈的神秘感，對東方的熱情消解在純
粹的哲理詩中，最後雖然仍然以西方的東方
詩人自居，卻和東方主義的權力、意識相距
不遠，認爲東方只有在歐洲強權之下纔能獲
得新生（pp.178-9）。另一位法國作家福樓拜
（G. Flaubert）一生尊重事實，不輕易盲從
他人之見，而堅持親自做細緻地觀察。他曾
說過一句名言：「〔置身局外的〕觀察組成
一切道德」。他對東方懷有極高的熱情，對
東方文學藝術甚爲著迷。但他透過在東方的
親身體驗，得出的結論卻是東方人已是暮年
老朽，要靠他的再現來重新賦予生命。在他
的細節描寫中，原來的崇敬、同情不見了，
再現的卻是東方主義的俗套。如下面這段紀
實性的描寫：

　　爲了給衆人逗樂，穆罕默德·阿里的小

丑一天在開羅的一個集市上抓住個婦
人，把她按到一間鋪子的櫃台上，當衆
和她交媾，而鋪子老闆平靜地抽著煙
斗。此前不久在開羅到舒卜拉的路上一
個男人當衆和一隻大公猴進行獸交，以
博取衆人的好感，引衆人高興。不久之
前另一個禿頂的傢伙（一個白痴）剛
死，他一直被尊爲眞主選定的聖人，那
些穆斯林婦女蜂湧而至來手淫他，從早
到晚他不停地噴射，最後精竭而亡。

這種描寫讀來像隨筆，風格也貌似客觀
寫實，反映的好像只是作者的獵奇心態，實
際上卻和東方主義者的學術考察、推理不謀
而和。福樓拜筆下的東方人總是縱慾過度、
性變態。他在沃迪哈發曾經和一位叫哈內姆
的埃及高級舞妓有過浪漫遭遇，她在他筆下
的特點是：頗有學識，嬌嫩嫵媚，同時又沉
湎肉慾，大腦簡單，粗聲俗氣。正是這種東
方式的「高貴加粗俗」激發起作者的無限興

趣：「她床上臭蟲令人作嘔的味道和她肌膚
上不斷散發出的檀香氣息混和在一起，使人
心醉」。後來這個女人成了他小說中不少女
性人物的原型：既豐滿結實，精力旺盛，擁
有無限的情慾，又大腦空空，污濁不堪，誘
人下水。當然，福樓拜在中東之旅的觀感中
也承認這些對東方人的描寫過於浮淺，並沒
揭示出東方人品格中的實質，而且他的上述
描寫也是穿插在文學作品中，受一定的語境
限定，並非在故意誤現，但高超的藝術處理
畢竟再現了福樓拜的東方人：不倦的性、不
盡的慾、不竭的精力及低下的智力，這使他
永遠不願和東方人認同。

　　如果說以上的文學家初始時只是在感情
上比較接近東方人，勞倫斯則以實際行動為
東方人服務了十幾年。他受教育於牛津大
學，一九一〇年隨大英博物館去土耳其考
古，隨後在西奈旅行，學會了阿拉伯文。一
戰時他曾服役於開羅的英軍情報部門，後來
加入阿拉伯人反抗土耳其統治的暴動，成為

阿拉伯王子費薩爾的軍事顧問。在他的幫助
下,阿拉伯軍隊得到改組整編,戰鬥力提高,
終於在一九一八年佔領大馬士革,取得最後
勝利。在隨後的巴黎和會上他作爲阿拉伯人
的代表竭力爲他們爭取獨立權,並爲此遊說
過邱吉爾等英國上層官員,但終於沒能成
功,他本人感到愧對阿拉伯朋友,從此隱姓
埋名,直至去逝。勞倫斯爲了阿拉伯朋友的
事業出生入死,即使在西方的正式場合也常
以阿拉伯裝束出現,被稱爲「阿拉伯的勞倫
斯」,在阿拉伯人中享有很高的威望。但即
使是這樣一位外表甚至內心都幾乎阿拉伯化
了的西方人,也難免受東方主義的影響。他
曾這樣描述過他所理解的阿拉伯人:「阿拉
伯人可以像彈琴弦那樣彈向一個觀念,他們
的忠誠純潔可靠,因此是順從的追隨者。勝
利沒有取得之前,他們會積極參與,履行職
責,沒人會躲避協約的義務……沒有條約的
約束,只要見到世上的財富或享樂,他們會
追逐到世界各處(當然除了天堂),但只要

一旦碰上某個預言家，他們都會丟開財富去追隨他的感召……自從生存初期他們就一浪接一浪地衝擊著人類的海岸，但每一浪潮都破碎了。其中的一個浪潮（還不算小浪潮）就是由我掀起的，在我的觀點引導之下向前翻滾，直到達到顛峯，回落下來，衝擊了大馬士革。這個浪頭被強制性的東西碰了回來，但它的震盪將爲下一次浪潮打下基礎，當時機成熟時，大海會再次掀起狂滔。（pp. 241-2）」這裡，勞倫斯在讚美阿拉伯人的誠實、忠誠、勇敢、堅韌和義無反顧，也間接批評了西方（英國）對阿拉伯利益的出賣。但在這些的背後，我們可以看到另一個勞倫斯：阿拉伯人頭腦簡單，有勇無謀，天性貪婪，需要道德力量的感召，需要精神領袖的引導，這個人就是西方人勞倫斯。在他的領導下，阿拉伯人的力量纔得到表現，反抗纔獲得成功，生存纔具有意義。一句話，具有歷史意義的阿拉伯起義最終只體現在勞倫斯個人的體驗上，他的聲音不僅代表阿拉伯，

象徵阿拉伯，而且最終取代了阿拉伯——他
就是阿拉伯，而這時的他正是東方主義的代
言人。

　　東方主義的所有再現（或誤現）都是爲
了宣揚歐洲優越論，並以此說明殖民主義的
合理性，這是東方主義的又一個特徵。現代
東方主義的創始人雷南（E. Renan）就以
印歐人種爲標準說明閃族人種（Semitic
race，或譯爲閃米特人，即今日的阿拉伯地區
居民）的低劣：「閃族人種因其過於簡單而
在我們看來是個不完整的種族。這個種族相
對於印歐系統猶如鉛筆素描相對於完整的繪
畫。它缺乏可完善性所賴以存在的那種多樣
性，那種廣闊性，那種生活的富足性。……
閃族的衆民族在起始年代嘗到過充分發展的
滋味，從此再也沒能取得眞正的成熟」（p.
149），這種貌似外在、客觀的描述實則是主
觀判斷，把政治、軍事、經濟上的歐洲中心
論推及到白人至上的種族優越論。西方優越
論的另一種表現就是沿襲舊的傳統之見，儘

管時過境遷，阿拉伯世界早已今非昔比，但
在現代西方傳媒裡，阿拉伯人仍然是騎著駱
駝，身染性疾，鷹勾鼻子，愛起鬨鬧事的群
氓。東方主義者常用的手法就是首先以偏概
全，再使概全化（generalized）了的觀念延
續下去。著名東方學者吉卜（H.A.R.
Gibb）一九四五年在芝加哥大學演講時
說：「穆斯林中確實出過大哲學家，其中也
有阿拉伯人，但這真是鳳毛麟角。不論在處
理外部世界或是個人思維過程中，阿拉伯思
維方式總擺脫不掉對孤立現象、對具體事物
個性的強烈癖好。我相信這是『缺少規律
感』（麥克唐納教授認為這是東方人和我們
的典型差異）的一個主要原因，也正是這一
點說明穆斯林為什麼對思維關係過程這麼厭
惡，西方學生曾對此感到難以理解」這段話
中的第一句似乎比較具體，但接下去馬上就
是概全化結論，最後的價值判斷不言而喻：
東方種族是劣等種族。十八年後，這位吉卜
教授當上了哈佛大學「中東研究中心」主

任，在對新入學的學生訓導時，他要求學生
們不要用舊眼光看待東方人，而要注意吸收
新的學術觀點，但對東方人自身，「要把西
方政治機構的心理、運作體系應用到亞洲或
阿拉伯世界純屬狄斯尼式的幻想。（pp.104-
8）」其實，這就是吉卜所說的新的學術觀
點，也是東方主義沿襲已久的傳統偏見。薩
伊德特別指出，西方優越論常用的是二元對
立的思維方式（polarize）：有文明必有野
蠻，有先進必有落後、有優等必有劣等。前
者的存在依賴於後者，沒有東方的「墮落」
何以體現西方的「高雅」？沒有東方的「無
序」何談西方的「理性」？東方主義的作法
不僅是保持這種兩項對立，而且透過一代一
代的努力使兩極愈加分化，差別愈加明顯。

　　從一八一五到一九一四的百年間，歐洲
老殖民主義（英、法為主）的直接殖民統治
區從世界的百分之三十五擴展到百分之八十
五，東方主義的發展也大大加快，東西區別
也更具體、形象、明顯。英國駐埃及的首任

總督克羅瑪勛爵在本世紀初寫的《現代埃及》一書中就說：「事實上東方人思維的主要特點就是缺少精確性，並很容易因此墜入不真實。歐洲人則是縝密的推理者，他對事實的陳述不存在任何模糊之處，他是天生的邏輯家，雖然他未必專門學過邏輯學」。而埃及人則大腦不平衡，思維方式混亂，辨不清是非，缺乏主動進取精神，結果最擅長撒謊、奉承、狡詐。克羅瑪說這些是有目的的：在他的任期內，埃及「已經從社會、經濟衰敗的最低俗一躍而成為東方國家中經濟、道德光復的絕對唯一典範」，下院也因此給他五萬英鎊獎金（pp.32-9）。但這裏說明的是：只有西方人纔能光復東方文明，但光復後的東方文明仍然帶有東方的弱點，還是弱勢文明，根本不能和真正的西方文明相提並論。薩伊德特意提出，東方主義的二元對立思維方式是有用心的：經過解構主義、後結構主義、後現代主義三十年的狂轟濫炸，二元對立這種結構主義（也是西方形而上傳

統）的思維方式至少在理論上已是聲名狼
籍，把它作爲消解東方主義的突破口是十分
聰明的。

　　根據薩伊德的論述，我們可以從時間上
把東方主義的發展變化大致分爲如下幾個階
段。第一階段指十八世紀之前的這段歷史時
期。六至十世紀這段時期，雖然伊斯蘭、基
督教兩大教派已經存在，並有相互了解和接
觸（如耶穌在《可蘭經》中也是聖人之
一），但雙方的交往很少，沒有出現大的衝
突。十字軍東征拉開了兩大教派大規模對抗
的序幕，這時伊斯蘭教雖然是「異端邪
說」，但組織分散，力量薄弱，可以由基督
徒任意討伐，所以並沒有對基督教世界構成
大的威脅。鄂圖曼帝國在歐亞的迅速擴張引
起了西方的恐懼，開始視伊斯蘭爲洪水猛
獸，「一大羣黃蜂，尖齒利脚，可以毀滅一
切」，至十七世紀，一直被表現爲基督文明
的大敵。

　　十八世紀（第二階段）西方對東方進一

步殖民擴張和經濟盤剝，東方主義的視界已
經不僅僅局限於伊斯蘭國家。隨著西方大批
旅行家、探險家、傳教士進入東方，他們的
體驗豐富了西方的東方知識，東方主義研究
也從籠統模糊轉向細節、對比，出現了今日
所稱的「歷史主義」，當然一切仍然是以歐
洲爲中心。

　　第三階段始於第一次世界大戰前後，此
時老殖民主義的擴張已經達到頂點，東方主
義也已經不滿足於只是「了解」東方，提供
東方人的靜態形象和粗線條的概念、類型研
究，而是設法讓東方人動起來，自己張口說
話，表現自己的性格特徵。而東方主義者也
就因此成了東方人及東方歷史的創造者，如
此創造的東方人就能直接爲西方的價值觀、
政治目標、經濟利益服務。英國勛爵柯爾從
一九一四年就強調東方學不僅只是「學術財
富」，而是「帝國的一個偉大的責任」，是
「帝國整體必須的一部分」，因此與此有關
的一切都「值得國王陛下政府的關注，值得

上院辯論一番」（p.214）。

　　第四階段在二戰前後，此時英法等老殖
民主義面臨瓦解，東方殖民地尋求獨立，加
上西方出現經濟文化危機，自信心不足，社
會道德不振，因此把東方視爲潛在的對手，
用東方的存在來提醒西方保持警覺，這時的
東方扮演了西方的反面教員角色。二次世界
大戰之後，美國逐漸代替英法成了新的殖民
統治者，統治的方式也從過去直接的領土擴
張、經濟剝削、軍事控制逐漸轉向文化影響
和意識型態滲透，這可以說是東方主義發展
的最新階段。尤其在當代，新殖民主義集中
表現爲訊息霸權。現代的訊息強國當屬美
國，別國不得不在訊息的提供上依附於它，
而訊息（傳媒）最容易製造有關東方的假
相，對東方進行誤現。例如在海灣戰爭期間，
美國就是聯合國的化身，代表正義、文明、
眞理，做法霸道，目中無人。而在傳媒的影
響下，不論是否支持美國捲入戰爭，幾乎所
有的美國人都認爲美國政府是出於公正，伸

張正義，懲惡揚善，意識不到美國的私利所在：在中東這個戰略要地的政治軍事影響，在阿拉伯國家的巨大經濟利益，以及美國石油公司每年從中東獲得的巨額利潤，更意識不到海灣戰爭前後美國在中東的一系列虛偽做法。

東方主義五個發展階段中出現過不少著名的東方主義者，有關的理論也不計其數，但不論東方主義內部有多少爭論和分歧，最終總是萬變不離其宗，薩伊德把它稱爲「潛隱的（latent）東方主義」，它是一切顯在的東方主義理論的核心，千年來一直沒有改變，即東西方的二元對立，高低貴賤，涇渭分明。這也是現代詮釋學的一種理論：意義的核心（Sinn）只有一個，對它的詮釋（Bedeutung）可以有無數，要保持詮釋的正確，就必須時時牢記核心的存在，核心就是權威，就是上帝，必須對它絕對服從，並以此做爲詮釋的根本和最終判斷依據（**參考書目 1，p.1178**）。東方主義的發展過程可以說

是這個詮釋學原則的最好說明，正如薩伊德
指出的：儘管東方主義的概念在擴大，術語
在更新，研究方法在不斷現代化，話語的
「科學性」更強，但它最基本的東西沒有改
變，因為所有的「更新」、「擴展」，都來
自「對前輩權威的滋補性的引證」（p.
176）。

　　「潛隱的東方主義」這個核心體的存在
保證了東方主義文化偏見延續千年而不衰，
那麼，在西方老殖民主義已經解體，西方文
明內部也經歷種種危機之後，為什麼時至今
日這個核心依然具有強大的生命力呢？首
先，它已經完全溶入了西方意識型態，成了
西方文化的一部分，加上它內部有一套邏輯
性強、又不斷被東方主義學者重複的連貫
性，所以具有極強的自我保存能力。其次，
它能夠借助科學的強有力支持。它有一套專
門的術語、規範的研究方法、縝密的邏輯推
理、完整的理論體系、完全的學術機構，又
依託整個西方科學支撐，成了西方文明的組

成部分。如東方學常以語言對東方人進行分
類（閃族語、含米特語等），但隨之而來的
就是人類學、心理學、生理學、社會學的特
徵分類，產生出一個「超時序的，超個性
的」文化範疇，形成一個先在的關於該民族
的「基本特徵」，再由此根據地理、環境、
生物等因素推斷出這個民族的整體思想、行
為方式。帶著這種先入之見去進行經驗性的
科學觀察，最終形成這個民族的「原型」
（prototype），也成了一切有關該民族研究
的起點（origin）。

　　「潛隱的東方主義」之所以存在的另一
個原因出自東方人自身。首先是東方人過份
的民族主義。被殖民國家獨立之後，民族主
義高漲，獨立意識很強，這在阿拉伯國家尤
其如此。因為擔心再受殖民者的欺侮及猶太
復國主義的擴張，這些國家的統治者往往採
取集權專制的做法，對內要求絕對服從，對
外實行關閉政策，結果人民的自由受到嚴格
控制，統治者的權力無限膨脹，稍有不滿便

訴諸武力彈壓。伊拉克對科威特的入侵雖然
有諸多其他原因，至少也和阿拉伯世界的這
種極權政治和統治者的心態有關。美國在這
方面採取的是兩面派手法：爲了自己的戰
略、經濟、政治利益，它支持這種極權統治，
甚至不惜任何代價，如伊朗前國王巴勒維、
菲律賓前總統馬可仕（F. Marcos）、巴拿
馬前首腦諾列加（M. Noriega）、尼加拉瓜
前獨裁者索英查（A. Somoza），甚至伊拉
克總統海珊（S. Hussein）。但當自己的利
益受到侵害，它會毫不猶豫地譴責極權，甚
至親自發兵懲罰，如對諾列加、海珊就是如
此。這麼做不僅使美國的新殖民主義作法被
披上「保衛人權」、「反對獨裁」的外衣，
同時也說明東方人的「劣根性」，因爲他們
即使在今天仍然實行著極權專制。

　　除此之外，東方人一味崇洋，盲目追隨
西方也是「潛隱的東方主義」經久不衰的原
因。在文化、知識、學術界，阿拉伯知識分
子幾乎成了歐美的附屬。一切學術研究都以

歐美學術界為導向，尤其嚴重的是，在東方
學、阿拉伯學領域裡竟然也是如此：美國研
究阿拉伯世界的機構有上百個，但整個阿拉
伯世界卻沒有一家正規的美國研究機構；不
僅如此，連像樣的研究自己的學術機構也蹤
迹難覓，找不到一份重要的阿拉伯研究期
刊，根本談不到在這個學科領域裡和歐美學
術機構進行對抗。結果是：阿拉伯國家的東
方學主要依靠西方的東方學專家和他們的東
方主義！更有甚者，阿拉伯的東方學者居然
瞧不起本國人，而以接受過西方教育為榮，
以懂得東方主義為資本，把在西方獲得的
「潛隱的東方主義」帶回國內，用西方的意
識型態做為學術研究的基礎，把西方的價值
標準做為判斷的準則，因此薩伊德尖銳地指
出：「現代的東方人參與了使自己東方化的
過程。**(p,325)**」這樣的「假洋人」雖然在
本國頗有些神氣，但在西方人眼裡仍然還是
東方人的「類型」，至多也只是供研究的
「提 供 資 料 的 當 地 人」 (native　infor-

mant）。有些雖然在西方大學的東方科系有
立足之地，但只是講授初級語言課程的「勞
動力」，掌管教育、研究、項目基金大權的
都是西方人。

東方主義不僅由西方專家產生它的內部
聯貫性，而且還有一批東方自己的東方主義
者的幫助，這個事實確實讓人震驚，因此薩
伊德《東方主義》一書結束時對世人提出警
告：「像東方主義、權力話語、意識型態神
話，這些思想體系是思維形成中的危險物，
它們太容易被杜撰，被使用，被維護了。」
（p.328），稍微放鬆警覺，就會自覺或不自覺
地落入它們所設置的陷阱中，成爲新的東方
主義者。那麼，能不能有效地避免東方主義
意識型態的影響，抵抗它的侵蝕呢？薩伊德
的回答是肯定的：帝國主義的勢力無處不
及，但總有它影響不到之處，因爲總有一部
分人對西方勢力不滿，自覺地抵制它，從這
裡產生出對東方主義的反抗。這種態度其實
也和後結構主義的批判主流是一致的。德希

達便在西方形而上的傳統中滋生出消解它的書寫理論（grammatology）和差異理論（différance）；傅柯在「權力慾望」（will-to-power）和「眞理慾望」（will-to-truth）的氛圍下對知識、權力的神話進行了考古；詹明信在晚期跨國資本主義商品化現象日益嚴重的情況中用釋碼（trans-code）方法進行了抵制（**參考書目 64，pp. 131－7**）。和以上理論家不同的是，薩伊德把反抗的希望不僅僅寄托在「飄移話語理論」產生的反抗上，還寄希望於操作這種話語的人，這就是下面我們要專門討論的薩伊德所稱的「知識分子」。

第五章
對薩伊德理論的思考

　　薩伊德並不滿足於個人理論上的揭露批判，因爲僅憑少數理論家的反抗話語難以動搖諸如東方主義這種根深蒂固的西方意識型態觀念。重要的是，必須有一批、一大批這樣勇於思考，敢於批判的人，依靠他們來啓迪、喚醒東方人及西方人，建立於對東方主義、帝國主義的防禦機制，這批人就是薩伊德特指的「知識分子」，也是薩伊德對他本人最好的自我寫照。此外，結合前面章節對薩伊德理論進行的整體評述，本章將對薩伊德本人和他的後殖民理論做一個總體評價。

一、「知識分子」：薩伊德的政治立場

　　什麼是知識分子？這個問題本身就極難回答，因爲它指的是人在社會中扮演的一種抽象角色，佔有的一個抽象位置，而不是靠職業或工作性質來劃分的。即使是後者，在

當今社會也越來越難界定，因爲職業和工作
雖然千差萬別，但傳統定義中的性質差別
（如腦力／體力，決策／執行，能動／被
動）在後現代社會已經逐漸模糊、消失，正
如很難用工作／職業差異來界定職員或白領
階層一樣。因此葛爾納（E. Gellner）認爲
知識分子是「一種被吹捧的空缺
（absence）」，因爲現實中不存在知識分子
職業（**參考書目 32，p.xv，本節中此書只列頁
碼**）。但是知識分子畢竟存在，而且構成人數
龐大的社會階層。按字面意義，知識分子指
掌握了一定知識的人，如在大陸一般指受過
專科以上敎育的人，根據這種理解，西方社
會的絕大部分人都可稱爲知識分子。但學者
（尤其是社會學家）並不滿足這種定義，因
爲如果人人皆是，則無異於人人皆非，做爲
研究對象的知識分子如果沒有清晰的界定，
研究就無法進行。

　　美國社會學家古德納（A. Gouldner）
就大大縮小了知識分子的範圍：它不再指傳

統意義上受過良好教育的有產階級，而是一
個特定階層，包括職業活動家、媒體人員、
科技人員、管理階層、司法人員、政府顧問，
及各種各樣的「專家」。這個專家集團的特
點就是共有一個批判話語文化，相互之間可
以交流，但話語範圍之外的一般大眾則無法
介入。這樣的知識分子雖然顯現出「存在」
（presence）而且和「知識」、「權力」有
密切聯繫，但並不符合薩伊德的要求，因為
它沒有顯示出任何反抗的跡象。

　　西方馬克思主義者葛蘭西提出的「有機
知識分子」（organic intellectuals）則是
個更好的定義──從「功能」上界定知識分
子：「一切人都是知識分子，但並不是一切
人都在社會中執行知識分子的功能」（p.
3）。根據功能，知識分子可以分為兩類：一
類是傳統意義上的知識分子，從事與知識有
關的工作，如神職人員、文職人員，另一類
則是「有機」知識分子，直接從事鞏固現政
權、維護本階級利益的工作（如現代的政府

決策顧問，部門公關人員）。但有機知識分
子也可以從事反抗性質的活動，主要功能是
創造性地分析整合人民的願望，加強與民眾
的聯繫（而不是高高在上的社會精英），透
過和大眾的對話來教育啓迪他們的思想，以
這種方式介入社會與國家間的複雜互動之
中，因此薩伊德不無贊同地說：「今天，任
何在與知識的生產和分配有關的領域裡工作
的人都是葛蘭西『意義』上的知識分子」
(p.9)。

　　但是，薩伊德對班達（J. Benda）在二
〇年代提出的知識分子觀也很感興趣。班達
認爲，知識分子是一群「智力超羣，有道德
天賦的哲學國王」，他們人數極少，見解深
刻，卻又不易爲一般大眾所接受，言行多被
視爲「怪癖」，但代表的是人類眞正的精
華，所以被稱爲「教士」（clerics），如蘇格
拉底（Socrates）、耶穌（Jesus）、伏爾泰
（F. M. A. Voltaire）、史賓諾沙（B. Spin-
oza）。但他們並不身居象牙塔裡自視淸高，

孤芳自賞，或背地發些於世無補的牢騷。相
反，他們是羣永遠不安於現狀的人。他們不
為金錢所動，不為權勢所用，不服壓，不畏
上，敢於直言，不計後果，為了真理與公正，
隨時準備冒「被大火燒死或釘死在十字架」
之類的危險。薩伊德對這個看法極為欣賞，
這樣的知識分子正是他所需要的：「一個與
眾不同的人，敢於向權威說真話的人，執著、
善辯，具有非凡的勇氣和反抗精神的人，對
他來說，也上再強大再威嚴的權力都可以被
批判斥責。（p.8）」基於以上的理解，薩伊
德提出了自己對知識分子的界定：

> 知識分子是這樣的個人，他擁有向大眾
> 並為了大眾再現，展示，發出某種訊息、
> 觀點、態度、哲學、看法的天賦……擁
> 有提出令〔當權者〕難堪的問題和對
> 抗正統和教條的能力（而不是製造它
> 們），是個不那麼容易被政府或公司收
> 買與其合作的人……歸根到底，做為表

現性人物的知識分子纔最重要（pp.11-
2）。

　　由此可見，薩伊德的知識分子不是一般
的芸芸衆生，這不僅因爲他們難以界定，沒
有自己的身份，主要因爲他們是強勢話語的
服從者，甚至協從者。在薩伊德看來，他們
應是一小批超凡脫俗的精英（正像他本人一
樣），不爲世俗物質所誘，不畏霸權所壓，
如彌爾頓（J. Milton）《復樂園》中的主
耶穌在耶路撒冷大敎堂頂尖上那樣，以堅定
的信念傲視世俗的一切。但他們又不追求純
粹的淸高超脫，而是積極入世，介入到再現
和權力的鬥爭中，憑著自己的執著頑強、桀
驁不馴，代表弱勢話語不斷地從邊緣向中心
發起衝擊，消除雙方的差距。在這裡，他們
又是普通小人物，但他們的出現卻可以使沉
悶的現實受到震動，使傳統秩序受到挑戰，
猶如喬伊斯《一個靑年藝術家的畫像》中的
戴達拉斯（S. Dedalus），由順從、服務於愛

爾蘭教會、國家轉向對它的批判:「我告訴你我要幹什麼,不要幹什麼。我不會服務於那個我不再相信的,自稱為我的家園、祖國或教會的東西:我會以某種生活或藝術的方式儘量自由、完全地表現自己,用自我允許的唯一武器保衛自己——沉寂、流亡、狡黠。(p.17)」當然,知識分子不應當僅僅只是正確知識、價值的孤獨的擁有者,更應當發揮自己的社會責任,向大眾宣傳這些知識和價值,因為只有當整個社會羣起反抗時,霸權和帝國主義纔會終結。知識分子教育的客體是大眾社會,攻擊的目標是強勢意識型態,後者的具體代表就是所謂的專家、圈內人(insiders)、幫派分子、職業集團,他們構成了一小股「掌有權力的無所不曉的高層」,使社會低層(包括知識分子)成為服從者。因此知識分子要警惕各種利益集團,不論是黨派、階級、種族、性別集團,還是更冠冕堂皇的「民族主義」、「愛國主義」,或愛國主義名義下的民族主義(patriotic nationalism) 。

　　因此，薩伊德的知識分子首先要把本
人、本社區、本民族的痛苦賦予整個人類的
意義，以防「從一處壓迫中獲取的教訓很快
被遺忘並在他時他地把這種壓迫施於別人」
(p.45)。也就是說，任何社會都曾遭受到壓
迫之苦，但往往事後又以同樣方式壓迫他
人。歷史上西方基督教世界和東方伊斯蘭世
界不都如此？當代猶太民族不也如此？南非
的布爾人（Boers）曾深受英帝國之苦，一
旦掌權之後不也對黑人實行同樣的種族隔離
政策？因此薩伊德主張知識分子要具有「普
遍觀」（universality）：「普 遍 觀 就 是
……超越由本身的背景、語言、民族所提供
的那些讓人輕信的肯定性，因為它常常使我
們對他人的現實視而不見。(p.xiv)」最可
取的態度就是一句中國的俗語：嚴於律己，
寬於待人，凡事出自公平、公正之心，在和
他人的爭論中求同存異，不對「異」妄加評
價，以自己的好惡進行等級劃分。「對言論、

表達自由的堅定信念是世俗知識分子的主要防禦陣地」，而這種信念「不應當在一處理過分地追求而在另一處又被置之不理」（p. 89）。

在講普遍性的同時還要注意「個別性」這是薩伊德知識分子的另一個特徵。知識分子生活在特定的國家，特定的地區，因此具有「局域性」（localization）。這意味著他很難擺脫當地的傳統、習俗、思維定式（mind-set），尤其是語言。後現代主義認為，語言在當代社會除了交際功能外，還是有力的意識型態工具。它由受統治勢力影響的媒體左右，作用是維持現狀的平衡穩定，強化對人的麻痺控制，使個變成「集體」意識的被動接受者，使個人意志服從國家意志。使用所謂的「標準語言」（national language），會令人不由自主地保持自己的國家身份（national identity），增強對他者的差異感。如海灣戰爭期間，在傳媒的引導下，美國人都以「we」指整個美國，在這種

情況下，知識分子（記者、學者等）無異在
「幫助一個國家團體更強地感受到共同身
份，而且還是種優越的感受。（p.29）」因此
薩伊德的「世俗知識分子」應當揭示所謂的
「國家身份」並不是自然天賦的實體，而是
「人為建構的有時甚至是杜撰出來的東西，
背後隱含有鬥爭和征服史」。班傑明（W.
Benjamin）說得更徹底：「迄今那些以勝
利者面目出現的人都經歷過這樣的勝利過
程：今天的統治者是靠踐踏被征服者一步步
走上來的。（p.35）」

　　因此，如果知識分子的共性賦予了他責
任感，他的個性要求的則是批判意識：「先
講批判，再說團結」（Never solidarity
before criticism），這是薩伊德對知識分子
的忠告。這種批判的形式就是再現，用獨立
的聲音向當權者、社會表達自己的觀點、見
解。這種再現基於懷疑意識之上，且有質疑
性，挑戰性，並要敢於進行道德評判。因此，
再現依賴的是語言，表現方式卻是行動

（activity）。「知識行動的兩個最基本的特徵就是通曉如何較好地使用語言及何時用語言進行干預（**p.20**）。對具有獨立性、批判性的知識分子，薩伊德曾用兩種方式稱呼過。一種是「世俗知識分子」（secular，或有時用gentile，**參考書目 30，pp.13－4**），「世俗」對應的是「神聖」、「唯一」、「源頭」，意思是知識分子不必為自己引經尋典，不需要討好迎合某個高高在上的「上帝」，他是精神上的無神論者。「世俗」的另一層含義是要積極入世（worldly），要和介入實際社會的話語、權力對抗。他對知識分子的另一稱謂是「業餘知識分子」（amateur-ism），以對抗專業主義（professional-ism）。他認為，現在對知識分子獨立性最大的威脅不是商品意識，也不是學術限制，而是專業主義：

　　所謂專業主義我指的是把知識分子的
　　工作做為謀生手段，從九點到五點一隻

眼盯著鐘，另一隻瞄著所謂恰當的專業
化行為——不要破壞現狀，不要超越公
認的範式或限度，要讓自己符合市場行
情，尤其是上得了枱面，因此必須循規
守矩，不介入政治和「客觀現實」（p.
74）。

　　專業主義並不是知識分子的個人癖好或
主動選擇，而是晚期資本主義意識型態的壓
力造成的。首先是專業越分越細，知識越來
越窄，知識分子不得不越來越靠權威的指
導，結果個人的發現欲、質疑欲消失了，只
把知識作為理論而非選擇，方法上也愈追隨
形式主義。其次，過分強調專業技能和「持
證」（certified）專家的重要性，技能和資
格的認證由專家把持，標準是「政治上正
確」（political correctness），即溫順服
從，效力霸權。但所謂的技能卻和專業知識
並沒有大的聯繫，受到認證的專業知識也並
非政治上就正確。例如著名語言學家喬姆斯

基 (N. Chomsky) 對越戰問題的見解雖然
和「蘭德公司」 (Rand Corporation) 的
戰略專家不同，卻比後者更切中問題的要
害，但美國政府以他「缺少外交政策資格認
證」爲由根本不聽他發言。最後，專業研究
的經費由政府和大財團撥給，各爲「自由研
究」，實際上研究方向早已確定，目的也是
爲政府、公司、財團的利益服務，依研究成
果的實際效果進行獎懲，並把這套做法一直
視爲正常的專業學術研究模式。薩伊德認
爲，在以上的壓力之下，知識分子現在擺脫
「專業化」傾向、向權威挑戰的可能性比上
個世紀大大減少了。針對專業化傾向，薩伊
德提出「業餘化」與之對抗，即：

> 不爲利益、獎賞所動，對下列這些不可
> 遏制的興趣懷有深深的愛：視野更開
> 闊一些，在界線、障礙之間建起聯繫，
> 拒絕被束縛於一個固定的專業上，破除
> 專業限制去探索新觀念和新價值 (p.

76）。

也就是說，知識分子要衝破功利主義和
狹隘專業觀念的束縛，對專業化的倫理核心
提出挑戰，使它更激進更具有活力。

薩伊德有關知識分子獨立性、批判性原
則是出於對人類的依賴天性而提出的。據他
觀察，十九世紀之前人們與自然保持著一種
基本的平衡，這種平衡關係就是「起源」
（filiation）關係：「由自然紐帶和權威的
自然形式──包括服從、懼怕、熱愛、尊重及
本能的衝突」所構成的社會關係，表現在家
庭、社區、社會、生活等各個方面。隨著資
本主義工業化的不斷發展，帶有封建色彩的
「起源」倫理受到強烈衝擊乃至土崩瓦解，
所以本世紀初一批前衛思想家對此痛心疾
首，但同時認為傳統道德的淪喪，傳統社會
的分裂，人的物化異化又為新的精神自由提
供了可能，並由此出現了一批現代主義經典
之作，產生了一種新的價值觀、人生觀，很

快在大學機構佔據了主導，成了學生必讀必
學的典範，進而出現了薩伊德所稱的另一種
文化關係，「affiliation」它帶有filiation的
「起源」意義，但更指使人們自覺或不自覺
地在文化、思維、認知上向新的統治意識型
態靠攏和認同，這裡姑且把它譯作「歸屬」
關係：「歸屬是個廣泛的詞，既指葛蘭西說
及的那種匯集（即各種觀念，不論新舊，都
是為了禁錮、統一人們的思維，都是政治統
治的工具──著者注）……也使我們對霸權
有一種基本認識，它主導著全部的文化和廣
泛的思維活動。（**參考書目 29，p.174**）」也就
是說，現代知識分子本想以新的思維方式來
打破「起源」關係，孰不知「歸屬」不僅保
留了「起源」的一切，而且在禁錮、控制思
想方面比前者更強，對霸權意識型態的支持
更有力。因此當代知識分子的選擇只有兩
個：或者追隨認同「歸屬」，或者揭露批判
「歸屬」的「起源」本質，抵制、清除它的
影響。

綜上所述，薩伊德的知識分子是個與俗
見完全不同的「新創造的靈魂」，透過他特
有的批判感來創造一批像他那樣的新的靈
魂。他不僅對由強勢造成的暴力明察秋毫，
而且不屈不撓，奔走呼號，旨在引起「直接
的變化」：

> 他是反叛的精靈，而不是服從的天使，
> 這一點對我尤其重要，因為知識分子生
> 活的全部傳奇、趣旨、挑戰就在於對現
> 狀的反抗，尤其當得不到充分再現的、
> 身處不利境地的人們的鬥爭遭到不公
> 平地壓制的時候（p.xvii）。

從理論上說，薩伊德的「世俗／業餘」
知識分子可以涵蓋很廣，薩伊德本人也說他
們不一定非要是社會精英或文化名流，社曾
各界從事各種職業的知識階層只要表達出一
種聲音（不滿、反抗、不入主流）就可以成
為他的知識分子，因為要真正引起社會哪怕
是微小的「改變」都需要大批志同道合者的

介入。但實際上這樣的知識分子太少了，從薩伊德以上的描述中也可以看出，他們基本上就是精神貴族，和廣大知識界格格不入（這其實也是薩伊德要求的批判距離）。霸權的控制、強勢意識型態的影響無處不在，和主流的趨同感不是僅憑少數的自由文人的理論就可以消除的。薩伊德本人也說過，不要對知識分子求全責備，更不要把他們理想化。他們生活在現實中，爲生計所迫，自然要受聘於公司，服務於政黨，保住大學的職位，只要不「完全屈從」於霸權的壓力就已經足矣。這裡薩伊德明顯從極端的立場後退了很多，這種知識分子也和他理想中的獨立批判精神相差甚遠，從一個方面表明理想化的知識分子在現實中幾乎是孤家寡人。薩伊德對此十分清楚：「許多知識分子完全屈從於這些誘惑，在某種程度上我們所有人都如此。沒有任何人可以完全依賴自己，即使最偉大的思想家也不行。(p.87)」這也是薩伊德的尷尬之處。在物質化日益嚴重的資本主

義社會，不爲五斗米而折腰者實在是蹤迹難
覓，這也是他（以及史碧娃克）多次感嘆
的：眞正的知識分子面對的是「一種孤獨的
境況」（p.xviii），儘管這總比隨波逐流在境
界上要高尙得多。此外，把知識分子和社會
其他階層截然分開，再把知識分子依據「獨
立批判精神」截然劃分，無異忽視了其間一
大批中介分子，抹殺了他們所具有的千差萬
別的屬性。從這個意義上說，後現代主義和
文化研究倒是比薩伊德要「政治上正確」得
多。

　　薩伊德本人無疑屬於「理想的」知識分
子，並且除了具備這種知識分子的共性之
外，還有自己的特性，探討一下這些特性無
疑有助於更好地瞭解作爲批評家的薩伊德和
他獨特的後殖民理論，也有助於糾正時下對
他的一些誤解。

　　首先薩伊德自命爲「精神上的流放者」
（intellectual exile）。這裡包括兩層含
義：他是實際上的「流浪者」，從巴勒斯坦

到埃及最後落腳在美國。儘管他的出走和政
治原因沒有直接聯繫，但他也和流落他鄉的
阿拉伯人一樣嚐到流浪之苦。這不是因爲
故鄉遙遠而滋生的思鄉之苦，而是故鄉近在
咫尺卻有家難歸的痛苦，是一種對新居不習
慣（哪怕它再溫馨舒適），對舊居割不斷的
感情上的折磨。在比喻的意義上他也是流浪
者：他選擇永遠做個「圈外人」，對功名無
所求，對權勢不巴結，是對任何事情都首先
考慮說「不」的人（nay-sayer）。爲了防止
受利益的誘惑而墮落成「圈內人」，他必須
在精神上不停地飄流，永遠不「完全到達」
（pp.48-53）

作爲實際流浪者，身兼雙重身份，兩種
身份所代表的文化衝突又如此尖銳，薩伊德
的情況確實比較特殊。但作爲精神流浪者，
作爲對正統強勢表示懷疑甚至挑戰的知識分
子，他還非第一人。西方數千年的思想史裡
有不少這樣的範例，儘管由於時代不同而表
現各異，卻基本保持了薩伊德所描述的世俗

知識分子的特徵。從這個意義上說，薩伊德
只是保持了西方自由文人的傳統，是他們在
後現代後殖民時代的一位發言人。這個自由
文人傳統可以從薩伊德提及的一些「優秀」
知識分子代表中略見一般。古希臘哲學家蘇
格拉底就因爲自己的信念而被控觸犯了雅典
的律法和宗敎，最後在高傲地宣稱「生與死
孰優，只有神明方知」之後，寧死不屈。被
譽爲開現代科學先河的英國哲學家培根在十
七世紀初就指出眞理與知識是個人觀察的結
果，而不是權威的敎誨，並預見到盲目崇拜
對人類發展的阻礙。十八世紀法國啓蒙思想
家伏爾泰對敎會的專制迷信進行了猛烈的抨
擊，尤其痛恨對異敎徒的暴力壓制。同時代
的意大利史學家維柯（G. B. Vico）揭示了
所謂的科學知識實乃人造，客觀現實只是
「人類大腦的變形」。十九世紀德國哲學家
尼采就以名言「上帝死了」來表達掙脫一切
思想禁錮的慾望，把傳統道德稱爲「奴役道
德」，寄希望於極端獨立自由的「超人」來

喚醒芸芸眾生（他稱為「烏合之眾」
〔herd, mob〕）（這倒使人注意到「世俗
知識分子」和「超人」間如此多的相似之
處）。薩伊德提到最多的還是十八世紀英國
諷刺作家斯威夫特和當代的喬姆斯基。斯威
夫特一生都是薩伊德式的「圈外人」，因此
常不得上司的歡喜。他的文筆犀利，語言尖
銳，揭露批判無不淋漓盡致，入木三分。如
他在抨擊輝格黨當有意拖延西班牙王位繼承
戰時，指出他們是為自己攫取政治權力和經
濟好處，真是不遮不掩，一針見血。此外，
他還揭露了英國對愛爾蘭殘酷的殖民統治，
這在當時實為罕見——或許因為斯威夫特也
具有「雙重身份」：他出生於愛爾蘭，在英
國受的教育。喬姆斯基也和薩伊德有相似之
處：任教於知名大學，學術聲望極高，但卻
不受名利的羈絆，打破學科領域的界線（其
後又把自己的學科和現實政治完全結合在一
起），幾十年來對美國的帝國主義、殖民主
義政策一次次口誅筆伐，對中東問題的見解

和薩伊德不謀而合，在六〇年代這樣的知識
分子也屬罕見。

如果把薩伊德看作是西方培養出來的自
由文人，精神上的「流放者」，永不滿足的
批判家，那麼就不應當把他簡單地等同於反
西方「鬥士」，巴勒斯坦人的「衛士」（**參
考書目 47，p.4**）。薩伊德確實說過他要在美國
人面前再現「有廣泛代表性的巴勒斯坦立
場」（**參考書目 27，p.ix**），1979年伊朗伊斯蘭
革命爆發後他爲之歡呼，他還是流亡的巴勒
斯坦議會議員，在美國從不掩飾自己的政治
身份，加上他對美國中東政策、東方主義、
殖民主義影響廣大的批判，所以不少美國人
（包括記者、評論家）說他和巴勒斯坦恐怖
分子的暴力、狂熱有聯繫，甚至和仇殺猶太
人有牽連。《星期日電訊報》認爲他「反西
方」，因爲他把「世界上一切邪惡（尤其是
第三世界的邪惡）統統歸罪於西方。（p.
xi）」相反地，他的巴勒斯坦同胞則過於天
眞地把他看作自己的戰友，甚至是旗手而予

以歡呼，迫使薩伊德不得不在《泰晤士文學
副刊》上公開予以澄清。其實在此之前他已
經表明過自己的政治態度：「英雄崇拜，甚
至英雄主義這個概念本身如果一旦用於大部
分的政治領袖，都總會讓我心寒。（p.107）」
他歡呼伊朗國王的倒臺，但並不相信繼之而
來的精神領袖何梅尼，因爲他和前任一樣的
專制。他當過十四年巴議員，參加會議的時
間總共也不超過一個星期。他不加入任何黨
派，不和美國、以色列政府有任何政治瓜葛，
但也從不介入阿拉伯政府甚至巴勒斯坦解放
組織的事務。用他自己的話說，他對各方都
要保持「批判距離感」，「對宗教皈依者和
虔誠信徒的狂熱者表現出的那種說不清楚的
宗教性質保持一種局外人的或懷疑者的自主
性。（p.108）」他反對的是政治狂熱和盲
從，一旦找到什麼「眞理」、「上帝」就全
心全意地投入進去。他厭惡的是見風使舵，
賣乖討好，誰的勢力大就賣身投靠誰。例如
海灣戰爭之前阿拉伯世界的知識分子一致持

有「阿拉伯主義」，即繼續埃及前總統納塞爾（G. A. Nasser）的民族主義和獨立政策，反對沙特、科威特的親美立場；但戰爭一起馬上全部倒向後者。兩伊戰爭中原支持伊拉克反對「波斯敵人」的知識分子一夜之間立場完全改變。原來反美情緒高漲者，或者變得沉默，或者乾脆當了美國的辯護人士。這樣的知識分子總在追隨一個「上帝」，所以不是薩伊德希望的「世俗」分子。我更感興趣的是如何在頭腦中保留一塊懷疑的餘地，一份警覺、質詢的反諷（最好也是自我反諷）**(p.120)**。薩伊德這種態度最明顯地表現在對待巴以和約上。以總理拉賓（Y. Rabin）和巴解主席阿拉法特（Y. Arafat）經多輪密談於一九九三年九月十三號在華府簽署了中東和平協議。巴方允諾中止對以的敵對行動來換取在以佔區的有限自治權及以逐步從這些地區撤軍的承諾，為此拉賓、阿拉法特和以外長佩雷斯（S. Peres）分享次年的諾貝爾和平獎。當大部分

阿拉伯國家和巴勒斯坦人歡呼雀躍時，薩伊
德卻對和約提出強烈批評，認爲巴解此舉是
向以色列投降。一九九四年七月拉賓和約旦
國王海珊（Hussein I）簽和約，以歸還約領
土，向約供水，約則保證其領土不准被用來
從事反猶活動。一九九五年以叙和談也開始
進行。對這些和談（包括以前的以埃大衛山
莊協議）薩伊德保持高度的警惕，因爲這些
國家和談都是爲了私利，最後受到損害的還
是巴勒斯坦人。

　　綜上所述，薩伊德繼承了西方文化的傳
統，是個典型的自由文人。在思想上他是
「精神貴族」，蔑視一切形式的思想束縛；
在政治上他是「孤家寡人」，不和任何勢力
進行合作或妥協。他支持的不是巴勒斯坦
人、東方人、第三世界，而是一切弱勢、邊
緣、得不到再現者。他反對的也不是美國或
西方，而是一切霸權、控制和對「他者」的
意識型態誤現。從這個角度看待薩伊德也許
更加客觀。其實，那些想目睹薩伊德巴勒斯

坦人「身分」的人會感到失望：「他風度翩
翩，從談吐到服飾都無懈可擊。他演講起來，
那雄渾鏗鏘的嗓音和滔滔口才，就像他的曼
哈頓上流社會的紳士儀表、優雅流暢的英文
寫作一樣充滿了魅力……他近年來似乎政治
參預的勁頭不如從前，正傾心鑽研交響樂，
沉醉於德彪西（C. A. Debussy）和舒曼（R.
Schumann）。**（參考書目 48，pp.86－7）**」更
有學者指出，薩伊德六〇年代在《約瑟夫・
康拉德及自傳體小說》中就已觸及不少反殖
民問題，但他的後殖民理論著作都是八〇年
代前後出版的，如果提前十年出版，他的終
身教授、學術聲譽恐怕就會落空。他是阿拉
法特的親密朋友，但卻不是「戰友」，因為
他從不為某些人、某個組織「戰鬥」，而且
如果他真的實際介入的話，他在美國學術界
也不會有今天的地位。這些話也許尖銳了
些，但細想一下也不無道理。

二、薩伊德理論的長處

薩伊德的後殖民理論和其他的新潮理論（後結構主義，文化研究等）一樣，在理論研究上有較大突破，它們的一些共性在上面的章節中已經做了論述，現在概述一下薩伊德理論本身的獨特貢獻。

首先，薩伊德在理論研究的方法論上有大的突破。不論是解構主義、新歷史主義乃至整個後結構主義，關注的起點主要是語言本身及由此引起的文本性、差異性，最終的落點是揭示由語言符號的「遊戲」造成的「誤讀」。薩伊德（史碧娃克亦然）則把重點放在「中點」，即語言的差異性是如何產生再現扭曲的，並在分析時注重這個進程當中「眞理」、「知識」的產生形式過程，揭示它們的人爲性、虛僞性，特別是意識型態

功能：它們不是客觀價值標準，而是爲了一
定目的被主觀建構的工具，以替一部分人控
制壓迫另一部分人，使強權／弱勢，文明／
野蠻這樣的二元對立成爲客觀事實並永遠保
持下去（**參考書目 35，p.283**）。這裡傅柯的知
識考古學和權力理論的影響十分明顯，但把
「過程性」放在對誤現的具體批判上，當屬
後殖民理論做的最爲出色。

　　把事物產生的「過程性」放在殖民主義
研究中，導致後殖民理論話語的另一個貢
獻：注重學術史和科學史的寫作，而後現代
理論則主要偏重當代和未來。薩伊德不滿足
傳統學科史的「客觀性」陳述（思潮、年
代、人物、著作等），而把一切學術行爲當
作思想史（控制／反控制）的重要部分，從
學術傳統的發展脈絡揭示它在歷史上的意識
型態功能。如《東方主義》的主要研究目標
是現代歐洲語文學（philology），涉及的學
科包括伊斯蘭學甚至漢學。因此可以說後殖
民理論「對傳統思想史的寫作提出了空前的

挑戰和一系列新的問題。」此外，由於薩伊
德揭穿了「純」學術「客觀」的神話，使學
者意識到科學性、合法性背後的虛構性、荒
謬性，因此更加注意學科研究中的認識論方
法論問題（**參考書目 47**，pp.5，6）。

　　和後現代理論一樣，薩伊德採取的也是
受「問題化」方法。但他的問題全部產生於
社會政治實際，透過對問題的分析使問題愈
加突出（而不是簡單地給出解答），使問題
的癥結在更高的層次上顯現出來。「問題
化」的做法之一就是使問題「微型化」，落
實到歷史現實中常為人忽視的細枝末梢上，
再進行詳盡的分析，做足文章。薩伊德曾有
一個說法：鑽進（異域文化中）去（voy-
age in），然後在其中產生出反抗（**參考書目
31，p.305**），猶如《西遊記》中孫行者鑽進鐵
扇公主腹中一般。這種鑽入理論內部進行顛
覆的做法是後結構主義的特徵。德希達就從
索緒爾語言學的符號差異說「鑽」入結構的
內部消解了結構主義的基礎。詹明信的「後

設評論」（meta-commentary）也要「徹
底地穿透〔客體理論〕，以便在它的另一端
形成完全不同的、理論上更讓人滿意的哲學
視角（**參考書目 18，p.vii**）」。

　　薩伊德理論的批判性、顛覆性最明顯地
表現在他對科學性和反科學性的相互滲透、
相互包容這一事實的揭露。例如東方主義這
個學科，在幾百年的發展中形成了一套完整
的理論系統，其邏輯嚴謹，論述縝密，方法
自成體系，從研究的科學性上說幾乎達到無
懈可擊的地步。但是它的科學合法地位被薩
伊德動搖了：在科學外衣的掩蓋下，東方主
義一方面抽掉了學科本身的歷史內容，使它
看上去是門「純理論」，中立公允，不偏不
倚，不服務於任何意識型態；但另一方面又
編造了大量虛假的事實，做出眾多似是而非
甚至黑白顛倒的「科學」結論。薩伊德對東
方主義的批判是嚴厲的，言詞甚至有時十分
尖銳，但他真能改變歐美中心主義嗎？大部
分人對此頗為懷疑，包括史碧娃克也認為不

論歐美知識界如何試圖改變現狀，結果肯定
只會「繼續產生新殖民主義知識」：「事實
是我們必須打贏這場戰鬥，但贏得勝利一點
也不表明歐美中心論會受到觸動。（**參考書
目 35，p.284**）」戰鬥者是悲觀的，但除此之外
別無他法，否則種族主義、帝國主義會更加
猖獗。

　　薩伊德的另一個貢獻是對西方傳媒的揭
露。美國媒體素以新聞自由聞名，以報導的
客觀性為職業道德。其實，美國的廣播、電
視、報紙由幾大巨頭所壟斷，且對各自的報
導相互引用，相互支持，其他媒體只能轉用，
甚至阿拉伯國家也盲目相信，結果以訛傳
訛，希特勒的宣傳部長戈培爾（P. J. Goeb-
bels）的名言「謊言重複千遍就成真理」倒
得到了印證。薩伊德告誡，我們面對的任何
表徵都是由權力操縱的誤現，都為了既定的
目的而經過精心的挑選、修改，服務於特定
的意識型態。因此，新聞絕不可能完全自由，
報導也不會純粹客觀，傳媒掩蓋的內容還多

於它報導的內容。這不禁令人想起美國著名
作家海明威（E. Hemingway）的「冰山理
論」：作品的意義猶如冰山，字面傳達的只
相當於冰山浮出水面的部分，大部分意義藏
在水下。但海明威談的是小說，即文學虛構
（fiction），想不到以眞實報導爲目的的傳
媒竟也如此。當然這並不是說美國傳媒都在
欺騙，都是政治工具。新聞獨立不管在實踐
上還是在理論上都是令人羨慕的事情，但幾
乎每位美國記者在報導時都在潛意識中認爲
他／她的公司是美國權力的參與者，如果這
種權利受到外國的威脅，新聞獨立就要讓位
於通常是暗中表露的那種忠誠、愛國及國家
身份（**參考書目 28，p.47**）。薩伊德對傳媒批
判的廣度和深度是少見的，因爲傳媒是再現
中一個重要部分，也是東方主義誤現東方的
主要手段之一。

　　知識分子理論也是薩伊德對後現代理論
的貢獻。他的世俗／業餘／飄遊知識分子論
使他的（以及整個後現代）批判理論有了更

加清晰的背景輪廓，並使後現代一大批理論
家和西方自由文人傳統聯繫在一起，為更好
地理解他們提供了幫助。為了表現精神的絕
對自由，他對任何人任何事都直言不諱，甚
至包括馬克思（K. Marx）。薩伊德（及史
碧娃克）從馬克思主義那裡獲取批判武器，
有時直接引用馬克思的原話來支持自己的論
點，儘管他們不認為自己是馬克思主義批評
家。但尊重是有原則的：薩伊德指出馬克思
本人也受到東方主義的感染。馬克思認為英
國在印度的殖民統治雖然建立在印度人的血
淚之上，卻也用殘暴帶來了真正的社會革
命：「我們不應當忘記，這些看上去似乎溫
和、質樸的村落其實總是東方專制的堅實基
礎，它們把人的思維局限於最小的範圍裡，
使它成為迷信的順從工具，成為傳統規範的
奴隸……不論英國犯下了多大的罪行，她總
是歷史的無意識工具，引起了那場〔徹底改
變亞洲社會現狀的〕革命。（**參考書目 25**，p.
153）」馬克思對殖民主義深惡痛絕，對印度

人民極其同情，但在批殖民主義的同時又落
入殖民主義的圈套（東方主義對東方人性格
的整體概括），足見東方主義的影響無孔不
入，而薩伊德是做出這個「洞見」的第一
人。

　　前文曾說過，史碧娃克對後殖民理論的
實際效果並不樂觀，認爲它對美國現實政治
不會產生什麼影響。但必須承認，在整個後
現代理論中，後殖民理論（還有女權主義、
文化研究）確實產生了很大的理論反響，造
成了不小的思想震動，在美國社會、文化、
生活的一些方面取得了積極的效果。正如批
評家所言：「在當今美國和其他西方發達國
家政治變革條件尙不成熟的情況下，知識界
學者們進行的這些探索也不完全是紙上談
兵，它具有一定的潛移默化作用，或許比飛
蛾撲火式的政治暴動更有效些。**（參考書目
41，p.129）**」在東方學領域裡已經在發生著
變化：八〇年代起美國東方主義的營壘「中
東研究學會」在接受了後現代理論的一代年

輕東方學者的影響下逐漸擺脫了主流專家、
石油巨頭、政府顧問的參與和控制，規模頗
大的年會從「純學術」走向對熱點問題的探
討：伊朗革命、海灣戰爭、以巴和約、中東
研究和意識型態的關係等等。反阿拉伯主義
開始軟化，對阿拉伯社會、歷史的看法更加
客觀，更注重它的多樣性，及它近年在獨立、
人權、民主等方面取得的進步。同樣的變化
也發生在非洲、印度、加勒比、拉美等區域
研究裡，大歐洲主義正被多元文化主義取
代，邊緣地區的抵抗正和中心內部的反抗融
爲一體，動搖著東方主義的根基（**參考書目
31，pp.315－6**）。發生明顯變化的另一領域是
美國的高等學府。柏克萊加州大學英文系印
裔教授A．R.詹穆哈默得說過這樣一件事：
他爲了一九八六年的「少數話語的性質和語
境」研討會向美國國家人文學科基金會申請
資助，五位審議只有一人反對，但基金會仍
最終否決，理由是研討會使用多語性，肯定
談不出成果。少數話語（minority dis-

course）指邊緣弱勢話語（女性、少數民族，當然也包括東方人），怎麼可以登上西方學術中心的講壇？（而歐洲常見的多語種〔法、德、荷、英等中心話語〕討論卻受到政府鼓勵）但這次事件之後邊緣話語迅速崛起，此項研究現在已是加州大學人文學科研究所爲時三年的重點項目**（參考書目 54，pp. 145－6）**。此外，後殖民理論等研究取得的成果已經使美國大學的課程設置和教材內容發生了很大的變化。

薩伊德後殖民理論對整個西方後現代話語的貢獻是巨大的，而且這種貢獻不僅限於理論內容，還表現在對人們思維角度的改變、思維內容的更新、思維方式的啓迪上。後殖民理論的興起不是薩伊德等少數人的一廂情願，而是和歐美學術界乃至整個社會的變化有關，也和冷戰結束後的世界新格局有關。新的形勢要求人們用新的方法去思考，去行動，薩伊德正是在這方面提供了有益的幫助。

三、薩伊德理論的缺陷

　　在後現代理論中薩伊德有獨特的優勢。如與和他距離很近的文化研究相比，後者的缺陷在他那裡就不存在，或至少不那麼明顯。文化研究有意模糊文學／文化的區別，所以文學「經典」被淹沒在通俗文化中，沒得到應有的重視，偶有提及也流於廣泛缺乏深度分析。薩伊德則由於優良的學術背景而始終抓住經典作家和作品不放，既加深理解作家作品本身，也有助於揭示東方主義。文化研究倡導「多元文化主義」（multi-culturalism），消解了對真理探求的慾望，薩伊德雖然也談文化間的交流，卻在批判揭露中始終以「真相」為中心。此外文化研究至今尚無明確的方法論表述，而薩伊德則建構了一套自成體系的後殖民理論。

　　但和其他後現代理論一樣，薩伊德也有
理論上的缺陷。首先，正如解構主義的符號
自由遊戲說一樣，如果反過來到德希達本人
身上，他的消解理論本身也會被消解；或如
詹明信的「後設評論」，如果用法國理論自
我觀照，他的馬克思主義整全觀和宏大敍事
也會消失殆盡（**參考書目 65，pp.148－9**）。薩
伊德對誤現的揭露中大量使用了新歷史主義
的「暴力」（violence）觀，旨在說明再現
中一定要使用語言暴力纔能達到扭曲。但暴
力不僅只屬於強勢，弱勢只要使用語言同樣
會造成暴力扭曲。也就是說，再現的暴力和
暴力的再現互不可分，對暴力的反抗也是暴
力行為。因此只要介入到批判，就是控制；
只要維護一方，必然要壓制另一方。從這個
角度看，薩伊德主義和東方主義至少在理論
上就沒有本質的區別，唯一的辦法就是靠良
心的引導：要政治上自覺、正確，對自己的
所做所為有清醒的認識，不要向強勢暴力認
同（**參考書目 5，pp.9－24**）。但是，理論的正

確性如果沒有自身體系內部機制做保障，而僅僅建立在「良心的發現」上，則理論的合理性就會大受影響。

暴力／反暴力說明，薩伊德本人也在遵循西方形而上的二元對立傳統，但這個傳統在東方主義中的表現（文明／野蠻、主人／僕人等）卻是他要努力消解的。在當今後資本主義社會，這種二元對立的界線越來越模糊：商業大潮席捲全球，資本擴張史無前例，「我們已很難判定哪種文化現象是純粹民族的和本土的。」薩伊德本人也對阿拉伯文化的迅速西方化感到擔憂：牛仔服、可口可樂、好萊塢電影、崇尚消費的MTV一代年輕人等，而阿拉伯文化則在萎縮。當然，「文化的全面商品化和商品的全面文化化」是當代及未來的研究課題，而薩伊德的理論重點主要在過去。但是西方意識型態對第三世界的全面滲透也是後殖民現象，需要超越二元對立的思維進行新的探索。如詹明信最近提出「非歐幾里德幾何學」原則，試圖走出二

元對立的圈子，尋找把握世界不平等關係的
新理論話語，打破內／外之分，以幾何學形
式（而不是等級劃分的辦法）來研究控制和
反控制的對抗問題（**參考書目 45，pp.70－
3**）。此外，二元對立不僅在形式上屬西方傳
統，在表現反殖民主義鬥爭和後殖民理論的
內容時也帶有明顯的西方思維烙印：民族獨
立、自由平等、公民權力等，都是帝國主義
的精神遺產；而權力抗爭、再現問題、批判
精神等也是西方理論話語的最新產物。這只
能說明東方人仍然有賴西方文明的啓蒙，仍
然是次等種族，要靠西方話語展現自己的身
份，這顯然有違薩伊德的初衷。

　　對後殖民理論（及整個後現代理論）怨
氣最大的當屬高等學校的教師和管理人員。
後現代理論家以文化衛士自居，不屑和大衆
談論一般的讀寫問題，一味追求學院化、學
究氣，術語越來越晦澀，語言越來越抽象，
和讀書大衆完全脫節。而現在美國大學教育
經費削減，又要多招學生，此類「玄學」確

實太缺乏吸引力。另外一些傳統教授認爲現
代理論的範圍無限擴大，內容涵蓋過廣，使
教師學生無所適從，學校也難以做出合適的
教學科研究計劃。後現代理論多出自英文
系，但卻和英文沒有大的聯繫，而英文系的
重要傳統內容文學研究反而成了理論攻擊的
目標。此外，不少西方學者對後殖民理論持
懷疑態度，認爲它有意誇大東西差異，成了
東方人製造的反西方神話。薩伊德有時也過
於極端：「每個歐洲人只要談到東方人就必
定是種族主義者、帝國主義者，幾乎完全地
種族中心論」（**參考書目 25，p.204**）這也激怒
了一些西方學者。對於多元文化主義熱（後
殖民理論也在其中）西方人也多有非議，認
爲對本文化的維護不能建立在對其他文化的
貶毀之上，而且多元文化論也只是一家之
說，應當承認自己同樣具有理論局限，容忍
不同理論話語的並存（**參考書目 53，pp.100－
5**）。

　　不光是西方學者，甚至包括印度等東方

世界的學者也對後殖民理論持有疑慮。首先，泛政治化批判本身就是對政治眞正含義的否定：「如果一切都是政治，政治自然就消失了。」其次，政治批評總體上還是紙上談兵，對改變現狀意義不大。「你若眞憎恨美國政治或反對它的制度，爲什麼不逃離此地，反而呆在這兒賺錢呢？」因此有人質問像薩伊德這樣在這一世界販賣後殖民理論的東方人，大概是在利用自己的同胞做攀登象牙塔的敲門磚、墊腳石（**參考書目 41，pp.127－8**）。話雖尖酸了一些，卻也不無道理。此外，薩伊德過多地依賴後現代理論，使人感到他本人的理論突破不足。他曾談到東方主義經久不變的一個原因：學者們囿於同一套理論，使用相同的材料，「即使某個學者挖掘到一份失傳的手稿，也只能在已經爲他準備好的情況下生產出這個『被發現』的文本，這就是發現新文本的眞正含義。（**參考書目 25，p.272**）」後殖民理論確有獨到之處，但在宏觀理論體系上仍在沿襲後現代理論，不

禁會使人產生新瓶裝舊酒的感覺。

　　薩伊德的後殖民理論依賴二元對立原
則，偏重文化間的相互抗爭，但對東西方文
化本身卻論述不足。對東方文化，薩伊德一
再重申自己的責任是使它在西方人面對得到
較眞實的再現，但實際上這種再現只包括兩
部分：巴勒斯坦人的悲慘境況和阿拉伯國家
在巴勒斯坦問題上的私利和相互間的勾心鬥
角。至於阿拉伯人的具體品性、人格，伊斯
蘭教的眞實面目，穆斯林世界的思維習慣及
東方的文化傳統等方面則很少有正面的描
述。因此有學者指出後殖民文化文本的典型
特徵是「進行破壞性的調整，而不是實質上
進行民族或地域的替代性建構。（**參考書目
55，p.45**）」也就是說，薩伊德只是在解構殖
民主義話語，而不是建構東方民族在後殖民
時代的獨立話語。曾有人問薩伊德，除了批
判東方主義外他是否還有其他選擇。薩伊德
答道，他關注的只是問題的提出：「我的任
務只是描述某個特定的思想體系，而絕不會

用一個新的體系去代替它。（**參考書目 25**，p.
325）」這不禁讓人想起德希達，在被問到解
構之後如何建構時，他只回答解構工程還遠
遠沒有完成，建構有待將來（**參考書目 62**，p.
20）。其實這裡德希達是在推託，因為解構理
論的特徵決定了它始於文化批判，也只能終
於文化批判。談建構需要結構和中心，這是
解構理論力不能及的，薩伊德的批判理論同
樣如此。此外和德希達不同的是，薩伊德是
長期身居「中心」被西方化了的東方人，真
要建構東方話語，他也不一定有資格。

薩伊德對二元對立的另一面（西方強
權）注重揭露它對東方人的壓迫和誤現，卻
忽視了西方對自己內部弱勢文化的暴力表
現。當然薩伊德的目標是東西方文化交流，
而不是一般的強弱勢文化關係，但雙方畢竟
同是不同文化間的壓迫和反壓迫，兼顧了後
者反而會更有利於對前者的闡述。如美國的
種族歧視已滲透到社會的各個方面：近一半
達到選舉年齡的黑人得不到選民資格，在相

同條件下被雇佣率不及白人的三分之一。二戰後至今，除少數年份外，黑人失業率一直兩倍於白人。一九四五年黑人家庭的年收入只達白人家庭的57％，七〇年代曾上昇到61％，八〇年代又跌落到56％。黑人的貧困率是32％，白人只有11％。據大赦國際一九九一年十月的報告，美國判青少年罪犯死刑人數爲世界最高，而這些罪犯全部是黑人，在一九八八～一九九四年的三十七個死刑案中，黑人佔二十九人。甚至美國司法部也承認在核准死刑時有種族偏向。另外一個頗有說服力的例子就是教堂焚毀事件：自一九九五到一九九六年六月共有三十餘所黑人教堂被燒毀。《紐約時報》稱這種事件爲美國的恥辱，《國際前鋒論壇報》質問道：如果是白人教堂遭焚，總統會等上一年纔開口？總檢查長、聯邦調查局、聯邦大法官敢說至今還沒發現共謀的迹象？報紙電視敢等到燒到二十多所，成了「大」新聞之後纔開始報導？這是明顯的文化欺壓，帶有意識型態目的的

傳媒壟斷，在性質上和西方對東方的再現完全相同，但薩伊德卻很少提及，可見在這方面他不如所敬佩的喬姆斯基。或許他在「身份」上畢竟和喬氏有所不同，因此有所顧忌吧。

果眞如此，薩伊德就不是「徹底」的自由知識分子。其實，「業餘」知識分子的自由是有限度的：只有思想的自由，沒有行動的自由。薩伊德對傅柯的知識、權力理論極讚賞，卻指出它又過於文本化、整全化，把歷史放在眞空當中，不願談革命、反抗（**參考書目 29，p.246**）。但是薩伊德本人也只是「談論」革命、反抗，把後者文本化罷了。他曾把世俗知識分子稱爲當代的「羅賓漢」(Robin Hood)（**參考書目 32，p.22**），意思是要和貧者弱者站在一起。但是英國中世紀的這位傳奇英雄不僅只是思想者或道義上的支持者，而且還是行動者，是殺富濟貧的綠林好漢，這一點世俗知識分子絕難做得到。另一位後殖民理論家史碧娃克倒比薩伊德坦

率得多。她認爲西方主流話語讓後殖民理論
存在這個事實本身就是爲霸權服務的，用以
說明薩伊德所批判的霸權、壓迫並不存在。
邊緣也不等於反抗，其實只是中心的同謀，
尤其當中心給邊緣施捨出一席之地之後。她
宣稱她不代表任何人，不單單因爲印度人不
喜歡她，還因爲她不從事實際政治活動，因
爲和全球政治相比，文學理論、哲學思潮太
微不足道了，只能算是「虛幻出的東西」，
來養活一批文化人，或成爲新殖民主義敎育
機構中的顯眼招牌，作爲機構的工具，只有
天眞的人纔會幻想理論能產生眞正的政治革
命（**參考書目 35**，pp.62,135,156,288；**23**，p.
58）。這無異於承認，薩伊德世俗知識分子的
「自由」、「業餘」不過是神話：在晚期資
本主義時代，要保持精神上的純淨、清高是
不可能的，要使思想完全脫離「歸屬」
（affiliation），也是辦不到的。

　　在這一點上薩伊德倒是沒有傅柯看得淸
楚。傅柯認爲，任何社會都是一張巨大的政

治網，透過一定的程序對話語的產生進行控制、選擇、組織、分配，目的是確保網的堅實，減少敵對話語的權力和威脅，更好地應付突發事件。現代社會的做法則是保證各種話語並存，讓它們相互交流，消除話語屏障，以便更好地控制話語的傳播，去除它的危險成份，最大限度地降低它的破壞力（**參考書目 15**，pp.228－9）。這使人想起墨非(J. W. Murphy) 提到的後現代商品社會處理政治對抗的常用策略：不提倡使用暴力來壓制不同看法，最有效的對抗手段就是摘除敵對觀點的引信（defuse），使它看上去來勢兇猛，卻無法造成實質性傷害（**參考書目 6**，p. 7）。曾有學者指出，薩伊德、史碧娃克等「業已成為西方學術市場上的『大牌』，悠然自得地居於西方學術界的中心，而對其理論和學術實踐作為文化商品和跨國資本主義文化邏輯的共謀性視而不見。（**參考書目 45**，p. 71）」其實此言並不確切，史碧娃克已經坦率地承認了這一點；薩伊德雖然吞吞吐吐，

語焉不詳，也並沒有「視而不見」，只是面對現實別無良策罷了。

　　從這個意義上說，知識分子（尤其是名知識分子）要真正做到不入流不隨俗幾乎不可能，因此使人不禁對薩伊德大談知識分子的世俗、業餘性究竟有什麼作用表示懷疑。有意思的是，他的世俗知識分子竟然都是西方學人，很難覓到東方人的身影。由此可見他的雙重身份倒是應當這樣去理解：在種族、出生身份上屬於巴勒斯坦，但在思維認同上則完全西方化了。如果人類精英只能產生在西方文化傳統之中，並且是西方文化得以發揚光大的推動力量，東方文明則永遠只能望「洋」興嘆，自愧不如了。果真如此，薩伊德的世俗知識分子到底是在批東方主義還是在維護它呢？

第六章
後殖民主義理論留給
我們的思考

　　既然後殖民理論本質上只是批判（而非建構）理論，薩伊德、史碧娃克等在西方的東方學者並不代表東方文化，東方學者面臨的緊迫問題自然是：誰來代表東方傳統，如何在西方建構起眞正的東方文化。如有學者提出要從「眞正的東方學者的視角」審視薩伊德；也有學者指出：「在西方〔學術界〕的一個越來越明顯的趨勢就是，不管是老式的、新式的、保守的、革命的，也就是西方中心的，其論述模式以前是西方中心論，現在是西方邊緣論，但西方話語的這個中心一以貫之。他們沒有辦法世界化，而這是我們〔非西方人〕現在所要做的工作，即把文化理論眞正地世界化。」**（參考書目 46，pp.58－9）**這些論述當然不無道理，但實際操作起來相當困難。

　　首先，什麼是「眞正的東方人」？如果把出生、居住、生活在特定東方區域裡，具有固定東方宗敎、文化性格特徵的人稱爲東方人的話，則很容易和西方的東方學專家一

樣對東方人的行爲、思維、文化進行模式化，儘管結果可能是對東方人的美化，也終究難免偏見誤現，所以薩伊德對這種意義上的「東方人」是否存在表示懷疑（**參考書目25，p.322**）。其次，東方人只能自己來定義，西方人只能由西方人來描述，這種看法也站不住脚，因爲從薩伊德文化理論「飄移」的角度看，文化的雙向交流中相互的影響是巨大的，每一方都要承受對方文化的衝擊甚至受到改變，在這種情況下本土文化很難保持純粹的本土性。使各種區域文化眞正實現平等交流，把文化理論眞正世界化，當然是文化理論界有的奮鬥目標，但現在還只是理想，而且僅靠第三世界文化界一家也無法實現。對中國學者來說，更緊迫的議題倒是如何利用後殖民理論對中國的過去和現在進行理論再思考，在多元文化和文化衝突中找到並保持自己的恰當位置。

一、後殖民理論和中西文化交流

　　用後殖民理論觀照中國的實情時，首先必須了解這個理論的局限性。「後殖民」有固定的特殊指涉：近代世界史上歐洲的老殖民化過程及其在當代的表現（美國、西方對舊日殖民地國家、人民的意識型態影響）。但近十年的後殖民討論熱卻常常模糊了這個概念的特殊指涉，把它濫用在一切文化、政治、經濟現象中，因此有學者指出：「把這種指涉普遍化意味著霸權和整全化的危險，並會因此而掩蓋眾多個體、社會在不同時、空中對殖民主義、後殖民主義體驗的複雜性」（**參考書目 21，p.2**）。這表明，後殖民理論有特定的使用範圍，不是整全性的理論話語，不可隨意搬用，薩伊德本人的討論也嚴格地區限在殖民地區域。但不可否認，有時

他也會泛指整個第三世界，尤其批判新殖民
主義大國美國二戰後對第三世界實行的新殖
民主義政策：意識型態滲透和在政治、軍
事、經濟上干涉他國的事務。因此，在這個
意義上使用後殖民理論來揭露一般文化交流
中的霸權現象並不是不可以，但這麼做的時
候有必要記住「後殖民主義」的原意所在。

　　從「後殖民」的原意看，它並不完全適
用於中國，因為在幾百年的中西交流史上，
中國從來沒有被西方列強殖民化。不可否
認，百年的中國近代史是中國受列強的欺侮
史，與列強簽有幾十個不平等條約，港、澳
地區完全成了英、葡的殖民地，大片北部疆
土被強行割讓給沙俄，東北、山東半島、臺
灣也一度為新興的強國日本所強佔，西方列
強在中國的幾個大城市建有類似殖民領地的
洋租界，在一些沿海城市享有治外法權。儘
管如此，作為一個整體，中國一直是個主權
國家，至多只是毛澤東所稱的「半殖民地」
國家，和歐洲殖民地有根本的區別。因此，

如果在中國生搬硬套薩伊德的後殖民理論很容易出問題，所謂的後殖民性問題也和中國的現實沒有直接聯繫，不必要大呼小叫地對中華文化進行什麼「非殖民化」。

但是，中國百年的受侮史及「半殖民地」的說法至少表明，在中西文化的長期交流中，強勢的西方文化對弱勢的中華文化實施了明顯的暴政和霸權，這種中心對邊緣的壓迫自然也會集中體現在意識型態的誤徵誤現中，因此薩伊德的後殖民理論可以在這方面得到利用。在批判西方強勢話語所杜撰出的「中國學」之前，有必要簡略回顧一下中西交流的歷史。

西方大規模進入中國始於明末。當時明政府對內窮於應付天災人禍和各種反叛，對外要顧忌蒙、日的軍事騷擾，已經是國力空虛，搖搖欲墜，此時西方開始了和中國的海上貿易。一五一四年葡萄牙人首先來華，一五五七年已在澳門建起貿易貨棧。一五七〇年後中國和西班牙在菲律賓的殖民區建立了

貿易往來，一六一九年荷蘭人進入臺灣並強
佔澎湖列島。但清朝時清政府對洋貨一直存
有戒心，通商口岸一般只限於廣州。不久東
印度公司製造適合中國人口味的鴉片，以十
倍於成本的價格賣給私販，一七六〇年代入
華量僅二百箱，一八三九年已達三萬五千
箱，銷售額三百三十七萬英鎊，僅此一項就
大於中國對英出口總額。走私範圍也從珠江
口伸展到東南沿海直至奉天海岸，美、俄等
國也相繼加入，四十年間掠去財富計白銀2.6
億兩，相當清政府八年的財政總收入，造成
國庫空虛，工商蕭條，國人身遭摧殘，軍隊
戰力下降，最終導致湖廣總督林則徐禁查英
美煙販一千四百噸鴉片焚於虎門。在英外交
秘書巴麥尊（H. J. T. Palmerston）「先
捧它一頓然後再做解釋」的主詞下，四十八
艘戰艦，五百多門大炮，四千餘英軍於一八
四〇年六月大兵壓境，兩年後的《南京條
約》賠款二千一百萬兩白銀。次年的《虎門
條約》更規定「有新恩施及各國，亦應准英

人一體均沾，用示平允」，其他列強馬上也
藉此分享特權。第二次鴉片戰爭中英法聯軍
攻佔京城，圓明園大火焚燒三天。此後中國
受盡列強欺侮：邊疆危機（美日犯臺、英滲
透滇藏、俄入兵新疆）；中法戰爭失敗；不
僅不敵西洋，且敗於東洋（甲午戰爭）。戰
爭的失利導致國家進一步被控制：俄法比攫
取鐵路修造權，掌握了沿線近萬公里地區的
經濟命脈；法德英俄搶奪採礦權及租地權，
美國一八九九年提出「門戶開放政策」
（Open Door Policy），要求確保列強的即
得利益，實際上把中國變成了「國際列強共
管共享的殖民地」（**參考書目 63，pp.6－226**）
在當時西方列強的眼中，「中國看上去如此
孱弱和無能，以致有些歐洲人認為她的軀體
將同非洲一樣被歐洲列強瓜分」（**參考書目
37，p.340**）。

　　如果說鴉片戰爭中西方的大炮轟開了中
國的國門，揭開了西方列強欺壓中國的序
墓，相似的事件也同時發生在日本，結果卻

很不相同。一八五三年七月八號四艘美艦在
環球航行中突然出現在橫須賀近海，美司令
貝里（M. C. Perry）稱要面呈美國總統給
日本幕府的親筆信。當時閉關鎖國的日本極
爲恐慌，地方官員拒不讓美艦靠岸，雙方僵
持數日，幕府以中英鴉片戰爭爲訓不敢硬
頂，美軍士兵終於吹吹打打上了岸，結束了
日本兩百年的鎖國狀態。此次事件後在日本
國內引起「開國」還是「攘夷」之爭，但日
本國力太弱無法攘夷，便在當年廢除了「禁
止建造大船令」。次年貝里又來，與幕府簽
通商條約，向美開放函館、下田兩港口。嚴
酷的事實使日本人認識到「不開國，可能亡
國；不自強，開國也難免亡國」。十五年後，
明治維新正式把「富國強兵，文明開化」定
爲國策，至世紀末便異軍突起，成爲亞洲第
一強國，並加入西方列強對中國的欺壓。日
本人把「黑船來航」（美艦爲黑色）事件視
爲現代日本崛起的標誌，一九〇一年明治政
府在久里濱貝里登陸處樹紀念碑，建貝里紀

念公園，只是略有諷刺意味的是橫須賀市現在是駐日美軍司令部所在地。

　　為什麼同樣毫無準備的兩個民族在西方炮艦闖入後會發生如此不同的變化，這有待歷史學家去研究，但它至少說明一點：強勢文化／文明對弱勢文化／文明的進攻姿態不會改變，這種進攻無法避免，重要的是以什麼樣的心態來看待強勢的出現，用什麼樣的方式來應對它的挑戰，採取什麼樣的措施來保護自己的文化身份不受到淹沒。在強弱不均的兩種文化碰撞中，拒絕挑戰，閉關鎖國，消極抵制是行不通的；一味避讓，一再遷就會使強弱差距愈加明顯。唯一可行的就是面對事實，接受挑戰，取他人文化之長補自己文化之短，力爭在短時期裡實現文化間較爲平等的交流。

　　或許在這種心態的驅動之下，中國文化從自我封閉走向接受西學以圖自強。一八六〇年代至九〇年代洋務運動中，奕訢、曾國藩、李鴻章等人說服清廷自上而下引進西

學，造槍炮艦船，創新式海陸軍，辦近代工
礦交通，開電訊、鐵路、紡織等民族工業。
一八六二年「同文館」成立，先學西語
（英、法、俄），後增設天文、算學，各地
也建起航海、測繪、軍事等學堂，一八七二
年起清廷開始派留洋學生，二十餘年間有兩
百餘人赴西方學習科學。一八九五～一八九
八年康有爲等倡維新變法，爲光緒帝接受，
百日維新中下詔令百道，除舊布新，但最終
還是被守舊的慈禧所扼殺，說明洋務運動及
革新努力徹底失敗。

　　一九〇〇年義和團圍攻東交民巷列強使
館雖是義舉，卻是「封建思想秩序和迷信觀
念方法指導下的亂打亂殺」**（參考書目 43，p.
5）**，反授八國聯軍以口實，足以顯現國人對
列強的無奈。一戰後的凡爾賽和會上，作爲
戰勝國的中國原期望收回德佔的山東半島，
卻反被日本接受，美國總統威爾遜（W.
Wilson）關鍵時刻爲了日美私利放棄「門
戶開放政策」中的原則而支持日本，此舉打

破了中國青年寄希望於西方的幻想，五四運
動波及全國，並對儒學中的陳規陋習激烈抨
擊，標誌著中國知識界的首次覺醒，連薩伊
德也爲之稱道（**參考書目 32，p.37**）。但國人
的眞正覺醒還未實現，這也許就是中日兩國
在西方文化凶猛衝擊下產生出兩種不同結果
的原因之一，無怪中山先生臨終遺囑中要求
「必須喚起民衆」。從薩伊德的角度看，這
正是知識分子的責任所在：喚起民衆的自覺
意識，揚棄本民族文化中的糟粕，正視現實，
接受挑戰，批判地審視強勢文化的霸權統
治。否則，即使再多的人留洋也於世無補，
因爲殖民主義者在教授東方人西方科技的同
時，也使學生學會了服從西方文化話語霸權
的權威，追隨西方文化，忘記批判其中的殖
民主義成分，結果只能加重西方對東方人內
心的殖民化（**參考書目 31，pp.317－8，369**）。

　　以上對中西近代交流歷史的回顧主要集
中在政治、軍事、經濟、外交方面，隨之而
來的必然是兩種文化的相互交流與激烈碰

撞，其中處於弱勢的中華文化勢必受到強勢
西方文化的霸權所主導，誤現誤徵的最終結
果就是所謂的「中國學」。

二、「中國學」：西方對中
華文化的再現政治

　　這裡首先要界定一下本文所說的「中國
學」。由於地理（中西相距遙遠）、歷史
（中國近代以前一直自我封閉）、經濟（相
對於中東石油而言，中國在西方經濟發展中
的地位無足輕重）、政治（中國畢竟不是西
方的殖民地，而且由於國力太弱，在世界政
治中的作用一直被西方忽視）等原因，中西
交流的歷史不長，規模不大。西方對中國的
研究雖早已開始，但多為民間、零散、介紹
性質，不能和有幾百年歷史，早已系統化、
制度化、正規化、學院化的「東方學」相提
並論，因此也沒有一套較為固定、權威的

「中國主義」或中國學研究經典
(canon)。但這並不等於西方不關心中國。
美國漢學家伊羅生（H. R. Isaacs）五〇年
代把美國人對中國人的心態做過歸納：一九
〇五～一九三七：仁慈（中國內亂），一九
三七～一九四四：欽佩（抗日戰爭），一九
四四～一九四九：幻滅，五〇年代：敵意
（冷戰）。史景遷（J. Spence）八〇年代繼
續歸納道：一九七〇～一九七四：新的好奇
（大陸美國建交），一九七四～一九七九：
天真的迷戀，八〇年代：新的懷疑（**參考書
目 23，p.9**）。

　如果要續寫九〇年代的話，大概可以歸
納為「恐慌、迷惑、遏制」，因為隨著大陸
經濟的發展，影響力的增大，美國確實感到
了中國的「威脅」，正像基督教西方對伊斯
蘭教東方當年的感覺一樣。據有學者統計，
二戰初期美國專門研究中國問題的機構不足
十所，到五〇年代已有幾十所，此後美國政
府出於全球戰略考慮加大了這方面的工作，

透過國防教育法案支持中國研究，專門支持
學術界的三大基金會也大力資助，各大學紛
紛建立中國問題研究中心，至八○年代專門
研究機構已超過三百所，美國政府的主要部
門（如國防、安全、外交）都有分支機構（**參
考書目 56，pp.4－5**）。進入九○年代，由於世
界戰略格局的巨變，大陸國力的上昇，港澳
臺及大陸間關係問題日益突出，中國研究將
會處於更加重要的地位。儘管如此，相對東
方主義來說，西方系統的中國研究起步晚，
還沒有形成什麼「中國主義」。但是，中西
文化交流已有幾百年歷史，西方對中華文化
的再現也持續了數百年，其中充滿大量對中
華文化和中國人品性的扭曲、誤徵，和東方
主義對東方人的整體判斷有眾多驚人的相似
之處（中國畢竟也屬於「東方」範疇）。而
且隨著中國研究的升溫，這種誤徵正逐漸在
學術界形成制度化。這就是本節標題中「中
國學」的含義，這裡我們透過對中西文化交
流中的再現政治進行簡略的回顧，來顯示一

下這個尚未形成明確輪廓的「中國學」的一些具體內容。

中國和歐洲很早就有貿易往來。從十六世紀開始，歐洲步入近代科學發展時代，在科技方面已經領先於當時的中國。也正是在這個時候耶穌會教士紛紛來華，使命首先是傳播基督教，但同時也帶來了先進的西方科學思想。利瑪竇、龍華民、龐迪我等傳教士大量著書，範圍涉及曆法、測繪、天文、算學、物理學，在中國形成了一股不大的經世致用的西學風氣。與此同時，他們也向西方傳播中華文化。如馬若瑟的《漢語札記》介紹中國語言；中國古代文化經典如《四書五經》也由利瑪竇、馬若瑟、殷鐸澤等譯成西文；衛匡國的《中國新地圖》一六五五年在荷蘭出版，而此時歐洲本土的測量尚未開始，引得各國爭相刊印。他的十卷本《中國史初編》一六五八年在德國出版，一六九二年譯成法文。中華文化得以在歐陸弘揚，這些傳教士確是功不可沒：「（他們）來中國

的目的原來是想用自己的宗教來感化異端，最後卻傾倒於中國數千年傳統的思想文化，反而成爲中國文化的積極宣傳者和傳播者，這是他們所始料不到的。（**參考書目 40，p. 205**）」在這些傳敎士的影響下，當時西方人傾慕中國土地遼濶，物產豐富，生活有秩，兵強馬壯，治理有方。

但是隨著中西文化交流的日益增多，中國「神秘」的面紗被漸漸揭開，中國人也很快從「天之驕子」變成了劣等民族，其中西方科學的發展起了很大作用。十八世紀之前西方遺傳學家大多相信「單基因」論，即把人類的起源追溯到《聖經》中的諾亞直至亞當。這種看法雖然有違科學，但卻把各種族放在同一起源，沒有本質上的等級差別。此後隨著生物科學的發展，「多基因」論佔了主導，認爲不同種族的起源各不相同。雖然這種認識更接近科學，但科學和知識很快就成了意識型態工具：人類被依據起源進行種族優劣的劃分，導致後來的種族主義。如本

世紀三十年代一些西方學者仍然認爲中國人的大腦屬於「圓錐形」，更難達到理性階段，而把中國人和南美土著人種巴塔哥尼亞人（Patagonians）、西南非洲土著人霍屯督人（Hottentots）及美洲印第安人等歸爲一類，稱爲「怪人」、「愚人」，以和西方文明爲代表的「智人」相區別（**參考書目23，pp.3－4**）。

既然是劣等種族，就要有劣等表現。十八世紀英國海軍準將喬治・安森曾統帥帝國艦隊戰勝過西班牙，遨遊過世界各地（包括廣州），是帝國的民族英雄。他在後來的回憶錄中說：「我們可以毋容置疑地斷言，多數中國人詭計多端、謊話連篇、嗜財如命，難以被視同於任何其他民族」。中國人的倫理道德「完全是物欲的，從未論述人類在合理平等原則基礎上的行爲合適標準，及規定相互間的一般品行。實際上，中國在道德上唯一可稱得上比鄰國更完美之處，不在於其完整性和仁慈性，而只表現在他們舉止上裝

模作樣的中庸姿態，以及他們一貫留心於壓
制所有感情和暴力的徵兆」。這段話前半部
有關中國人品性的見解和東方主義完全一
致，後半部重複的就是中國人缺乏理性這個
西方「科學」結論。

十八世紀法國啓蒙運動領袖孟德斯鳩
（Montesquieu）也認爲中國的統治靠的是
恐怖而不是理性和智慧。黑格爾（G.
Hegel）則在十九世紀初斷言，由於缺乏主
觀思考的傳統，中國文明將凝固在她的發展
初級階段（**同上，pp.5－7**）。中國的落後使西
方人愈加相信西方文明的優越和中華文明的
可笑。布翰（J. Buchan）一九二二年寫道：
「世界上目前充盈著鬆散（incoherent）的
權力和未經組織的（unorganized）智力。你
們想過中國的情況嗎？那兒有千百萬聰慧的
大腦，卻被壓抑在徒有外表的手工製作
（crafts）上。他們不知道前進的方向，缺乏
前進的動力，所以一切的努力都白白浪費，
世人都在嘲弄中國。（**參考書目 25，p.251**）」

這裡的描述（鬆散、未經組織、被壓抑、徒有外表）和東方主義對東方人的整體概全如出一轍，「crafts」不僅指東方人的小聰明只用於雕蟲小技，而且還含有「詭計」、「陰謀」等意義痕跡積澱，也是西方人對東方由來已久的偏見。此外這段話寫於中國知識界的覺醒之時（五四之後不久），所以這裡就不單單只是在嘲笑中國了。

如果對以上這些有關中國文化的見解稍加細察，便不難看出它們的共同之處：即典型的東方主義三部曲思維方式（typecasting→types→stereotypes）。它們始於零星觀察、部分分析（typecasting），放在個案當中並非沒有道理；但局域論述馬上便轉為對中華文化的總體評價（types），由「客觀」反映馬上變成價值判斷，並積澱形成西方對中國文化的思維定式（stereotypes）。在這種思維定式裡，中國人被完全地類型化、統一化、絕對化，猶如傳統中國京劇中的人物臉譜，儘管人物千變萬化，總被歸約

成有限的幾類，其性格特徵與品格高低經過
概全一目了然。薩伊德也做過類似的觀察：
東方主義筆下的東方人是一羣具有代表性的
形象或比喩，「這些形象對於眞正的東方人
來說……猶如戲劇中定式服飾對於戲劇人物
一般」（**參考書目 25，p.71**）。對中國人的定
式化、臉譜化爲十九世紀西方在經濟、政治、
軍事上大規模介入中國做了充分的思想準
備。當然也有較爲淸醒的西方學者。伏爾泰
在《論國家之風俗和精神》 (1771) 中就指
出：「我們嚴重曲解了中國人的習俗，因爲
我們按自己的標準去判斷他們的行爲。我們
抱有偏見，它來自我們對世界初始狀態的看
法，但這種看法很値得商榷。（**參考書目 23，
pp.7－8**）」但是，二元對立原則是西方文明
的形而上傳統，加上十九世紀西方對中國文
化的思想已從早期的零星觀察上昇到總體判
斷，和初期的東方主義一樣，正在被嚴密化、
系統化、制度化、科學化，西方文明優越論
也是相當明確的定論，隨著西方炮艦的闖

入，通商口岸的撕開，傳教士的湧入，「中
國學」和西方文明優越論愈加不證自明了。

　　西方話語對中國的政治再現，當然是爲
了顯示西方文明的優越，因爲二元對立中的
一項總需要另外一項的陪伴烘托纔愈加顯出
自己的高／低特徵。但是另一方面，誤現也
從一定程度上說明西方感受到了中國的「威
脅」。基督教文明之所以產生出東方主義，
就是因爲近千年來對伊斯蘭文明懷有深深的
敵意和恐懼。但是被稱爲「中華帝國」的中
國歷史上一直自我封閉，和鄂圖曼帝國不
同，對西方文化沒有產生什麼負面影響。本
世紀初一家法國期刊在知識分子中測驗東方
是否威脅西方，學者瓦來里（P. Valéry）就
自信地認爲西方人的大腦「具備明顯的長
處，可以產生選擇的能力和全面的理解，把
一切異物轉化成我們自己的東西。希臘羅馬
人早就告訴我們怎麼對付亞洲的怪獸，怎麼
樣用分析的方法對付他們，如何汲取他們的
精華。」（**參考書目 25，pp.250－1**）但事實

是，談論「不怕」畢竟說明「害怕」的存
在，產生害怕的一個直接原因就是大量華工
的湧入。

　　歐洲列強爲了開發大片的殖民地需要大
批廉價勞工。從一四五〇年代起葡萄牙首先
「圍獵」非洲黑人開始到十八世紀末，非洲
人口因此銳減1.5億，勞力資源近於枯竭，黑
人的反抗也日益強烈，同時西方內部廢奴呼
聲日見高漲，英、法被迫於一八三四、一八
四五年宣布終止黑奴買賣，美國總統林肯
（A. Lincoln）也隨後頒布解放黑奴宣言。
此時正值鴉片戰爭前後，羸弱的中國對此毫
無戒備，西方列強趁機湧入中國做起了類似
黑奴買賣的「苦力」貿易。「苦力」初被稱
爲「bitter　strength」，後來索性音譯成
「coolie」，在華南又被稱作「豬仔」，因拘
禁苦力的「客館」圍以柵欄，如豢豬仔，另
喩華工愚笨如豬。中國第一位留美學生容閎
在《西學東漸記》中寫道：「當一八五五年
餘初次歸國時，甫抵澳門，第一次遇見之事，

即為無數華工以辮髮相連，結成一串，牽往囚室。其一種牛馬奴隸之慘狀，及今思之猶為酸鼻。（**參考書目 39，pp.14－5**）」

華工以「自己的筋肉和白骨構築了西方列強摩天大廈的根基」，同時也因此招致白人的嫉恨。當一八五〇年代後進入美國西部的華人移民大增，在鐵路建設、礦山開發、農場經營、漁場作業等領域初嶄露頭角時，當地政府「感到震驚」，因為華人「奪走」了歐洲移民的收入，「造成」了美國經濟危機。於是白人流氓在加州、懷俄明等地殺害華人，唐人街長期實行地方立法限制華人移民（對其他外國人則無此限制），對華人在住房、就業、教育等方面的歧視性立法「司空見慣」，詆毀華人的言論也空前泛濫，把華人、印第安人、黑人虛構成一個同盟，旨在消滅美洲大陸的歐洲白人，唐人街也被說成色慾橫流、陰謀欺詐、藏污納垢的老寓。在仇華情緒影響之下，一八八二年的排華法案為美國白人的種族歧視提供了法律保障。

　　在外部對華人進行排擠歧視的同時，西
方文化也開始在意識型態上對中華文化進行
貶毀，做法仍然是利用表徵（再現）。請看
這首本世紀二○年代在美國流行的童謠：

　　Chinkie, Chinkie, Chinaman,

　　Sitting on the fence;

　　Trying to make a dollar

　　Out of fifteen cents.

　　（**參考書目 44**，p.ix，此處部分資料也
　　來自此書）

　　這裡的Chinkie指的是靠出賣苦力掙錢
的華人洗衣工，是勞動階層的最下層，社會
地位最低。Chinkie/Chinaman也不等於一般
使用的Chinese，而是對華人的蔑稱（正如
Jap 和 Japanese、Burman 和 Burmese 之
別）。「坐在柵欄上」則拘勒出一副無業遊
民或死皮賴臉硬拉生意的街頭小販的形象。
後兩句更道出了所謂的華人負面特徵：精
明、狡詐、庸俗、下流、唯利是圖。華人女

性則往往代表異國情調或神秘色彩，主要特徵就是性，這和東方主義者對穆斯林女性的再現（旺盛性慾的象徵）完全一致。早期美國演藝界知名的華人女性人物典型龍女（the Dragon Lady）是由白人女演員飾演的；這裡不僅弱勢文化被誤徵誤現，而且強勢文化從後臺直接跑到了前臺，代替了弱勢文化的身分，使後者被淹沒得無影無蹤。「此外，從蝴蝶夫人的故事開始，東方女性在舞臺和銀幕上的結局幾乎都是千篇一律：不是被白人丈夫遺棄，就是在社會偏見的壓力下失去歐美情人；不是慘遭橫禍，就是自殺明志（**同上，p.xiii**）」。在如此的肉體欺凌和文化壓迫面前，華人義憤填膺，發出過反抗的聲音，儘管遭到強勢文化的壓抑而得不到表現。舊金山外的天使島曾是美國移民局囚禁華人移民的龐大營地，營地的牆壁上留下眾多華人反抗的墨迹：「我國豪強日；誓斬胡人頭」，「我今撥回歸國去；他日富強滅番邦」，「同胞發達回唐日；再整戰艦伐

美洲」（同上，p.25）。

　　和外部的誤現相比，西方文化對華人內心潛移默化的影響更加厲害，這就是范農的「內部殖民」理論：「我所使用的成分已由他者——白人——提供，白人用上千個細節、軼事、故事織成了我。（同上，p.83）」就是說，屬於其他文化的「我」早已由白人事先確定了，從小灌輸給我，使我不僅認同，而且做為自己的唯一身份，同時不得不放棄自己文化的原本屬性。如被認為是第一部由在美國出生的華人以英文撰寫的自傳體小說《虎父虎子》反映的就是兩種文化的衝突在華人身上的表現：父親想保持中國文化的傳統，兒子卻認為這個文化「野蠻」落後，急切地要融入西方文化，在衝突不可調和時，是美國大學教育兒子要用仁厚寬容的態度去對待其他文化，倒使他真正地研習起父親的傳統，最後以一個說一口流利標準英語的東方人身份在亞洲館裡尋得一份工作。這裡似乎中西文化達到了妥協，實際上卻是西方文

化對中國文化的徹底征服。

五○年代之後，中國發生了巨大的變化。港澳臺經濟得到高速發展，令世界刮目相看。大陸近二十年經濟也在起飛，人民生活有較大改善，科技、教育水準有大幅提高，整個中華的綜合實力大大增強，在國際政治中的作用日漸重要，亞洲的成功使儒家文化的積極因素越來越引起西方學界的興趣。按理說，由於這些變化上述「中國學」中的文化霸權和政治再現應當得到不斷糾正、減少，但事實並非如此。我們將透過對一本書的討論來說明這一點。

這部書名叫《中國人面孔的後面：心理學研究的洞察結果》，一九九一年出版，作者是四十四歲的加拿大心理學家，在香港居住達十五年，自稱有二十年中西跨文化研究經驗，現任香港中文大學心理學系高級研究員（Reader），為了研究中國文化曾經接觸過大量港、臺、海外及少量大陸華人，做過大量「科學」實驗。這一切確實很有意思：

「中國人面孔的後面」原意無非是「透過現象看本質」，從中國人的外表透視中華文化的實質。但尋求實質無疑是早被薩伊德批判過的「概全化」（generalization）做法，因為很容易以點代面，以偏概全，而邦得先生卻仍然承襲了東方主義的這個方法。此外，「面孔的後面」隱含著「虛偽」、「欺騙」、「多變」、「膽怯」等等負面的特徵的意義「痕迹」，這也是老東方主義對東方人的一貫定義。「心理學研究」則突出了西方思維方式的優勢：科學、實證、理性、邏輯推理，反襯出東方思維的弱點：內心化、感官化、模糊化、隨意化。這裡並不是有意冤枉或「誤現」邦得先生，因為他自己在書中開章明義：本書的特色就是「科學性」、「客觀性」，心理學是門描述「成熟的人類發展」的科學，是純粹「西方式」的學問，而中國人只注重內省式思維，只有西方才推崇邏輯分析，產生得出心理學這樣的「洞察結果」（**參考書目 7，pp.1，2，10**）。作者的身

份是典型的MMWW（中年男性白人西方
人），即使在西方話語中也是權力的把持
者，他自己也稱這個研究結果「有相當的權
威性和重要意義」（同上，p.5）。由於以上的
原因，不懂心理學，思維方式落後，處於邊
緣的東方人就沒有權力提出任何質疑了（邦
得先生在書中曾說，他對中國人的心理洞察
明眼人一看便知，「當然如果他們天生就有
心理學家素質的話！」（同上，p.31）。言下
之意華人天生就不通此道）。此外本書作者
在一九八六年出版過「純」學術著作《中國
人的心理》，牛津大學出版社原估計銷量一
千七百五十冊，誰知兩年中竟售出二千五百
冊，所以要他根據此書再寫一本「大眾版」
（layman's version），於是便有了現在的
這部書，估計銷量會更大。值得注意的是，
這正是東方主義由學術界向大眾滲透的普遍
作法，即把已經系統化了的東方主義思維定
式（mind-set）做為客觀眞理向大眾灌輸，
以便使學科優勢轉化成文化的普遍意識。

　　縱觀全書，對中華文化的扭曲誤現比比
皆是，僅舉數例：(1)中國人從小嬌寵孩子，
惟恐他們餓著，所以使孩童產生心理學上所
稱的「口腔接受優勢」，從而導致中國人講
究飲食，嗜好賭博，民間傳說中喜愛以貪吃
爲特徵的猴子（**同上，p.9**）（西方人難道不
賭？法國飲食不也久負盛名？孫行者和
「吃」到底有多大的必然聯繫？）(2)集體性
社會結構（中國）壓制了性表現，惟恐嫉妒
會引發動蕩，因此禁止色情業，批評暴露的
服飾、公衆場合的親暱舉止、婚前性行爲等，
而在個人主義社會（西方），自由表達性愛
是追求幸福的表現，如美國大學本科生有性
體驗的學生七倍於香港大學生（**同上，p.17**）
（不知作者如何解釋西方社會關注的性道德
水準下降問題）；(3)中國男女愛情中缺乏浪
漫情調，不講外貌吸引和精神滿足而只關心
物質利益（收入、住房等），而西方人專注
感情交流，所以離婚率也高（**同上，p.64**）。
（注意，離婚率高成了文化優勢，「理想主

義」的東方人和「注重實際」的西方人在愛
情上完全顛倒了過來）；(4)中國人受等級制
束縛缺少鬥爭精神，爭執時也講究「君子動
口不動手」，否則要受嚴厲處罰，所以中國
的暴力犯罪還低於西方**（同上，p.65）**。（這
也成了中華文化的弱點！）；(5)中國傳統對
家人過於熱情，對外人冷若冰霜，對鄰人的
痛苦置若罔聞，而基督教傳統則講求博愛、
憐憫、接濟**（同上，p.57）**（不知作者對港臺
民眾幫助大陸災區的義舉做何解釋）；(6)中
國高等學府數量少，入學競爭強，因為中華
文化相信「一山不容二虎」，頂尖人材越少
越好**（同上，p.28）**；(7)華人和日本文化屬
「高語境」（high context），只看重言詞
的華麗外表，不尊重承諾的實質內容，西方
文化則相反**（同上，p.49）**；(8)中國文化的時
間觀是P—時觀（即同時處理多件事務，雜
亂無章），歐洲人則是M—時觀（嚴格按照
事先確定的程序有條不紊地工作）**（同
上）**。

　　從以上隨意舉的例子便可以大致看出作
者獲取文化霸權的方法：依賴「科學」（此
處是心理學），把它作爲西方的專利，使文
化政治再現系統化、客觀化、合理化。邦得
先生在談自己的方法論時雖然也提到他的心
理分析帶主觀因素，不反映整個文化的獨特
框架，但實際上卻誤的是心理分析的知識
性、可靠性，而且下的都是中西文化整體比
較的結論；微觀入手、個案分析、小組測試，
然後結果馬上上昇爲民族、文化的整體特
徵；不失時機地做價値評判，使優／劣、先
進／落後等二元對立項做爲主線貫穿始終，
儘管作者一開始就稱自己從事的是「沒有價
値判斷」（value-free）的科學研究；儘量
採用受過西方正規心理學訓練的東方人（中
華人、日本人）參與論述，使西方話語「東
方化」；此外作者還多次重複引證前輩西方
人的觀察，一些引文來自本世紀初的東方主
義者，但也照樣被引爲依據。但是所有這些
做法都不新鮮，都是老東方主義使用的方法

策略，已被薩伊德揭示得相當透徹，令人驚
訝的倒是在多元文化，後現代後殖民的今
天，這種方法仍然得到如此相似的再現，足
見老的文化霸權不會輕易退出學術界，並且
可以繁衍出新一代文化權力話語。

　　以上對中西文化的粗略回顧告訴我們，
西方對中國的再現政治幾百年來一直存在，
並且還會長期存在下去。在西方文化仍然處
於強勢地位的今天，破除它的霸權壟斷，揭
露它的誤現扭曲，是中西方文化交際中的重
要課題，也是薩伊德後殖民理論給我們的教
益。這裡的主要問題是如何看待強與弱的關
係。不容否認，近代西方文明的發展快於中
華文明，如雙方在科技上確實存在很大差
距，但這個差距並不是不可改變的，也不證
明兩種文明本質上的高低之別（而邦得先生
的結論卻是如此）。同是西方人的羅普（P.
S. Ropp）先生對此就有更清醒的認識：

　　我們西方人在透過比較研究中國以期

達到自我認識的過程中要考慮這一個
問題：傳統中國與當代西方之間的比
較通常會使人誤入歧途，因為這種比較
忽視了我們西方本身在傳統與近代之
間存在的巨大差別。比較過去幾百年來
的中國與西方，就充分顯示出當代西方
的生活與思維方式由來不遠。我們認為
在二十世紀後期的西方世界理所當然
存在的社會經濟制度、文學藝術價值、
政治結構和哲學思想等等，在三四百年
前還完全不存在，而且不曾在西方或其
他任何地方存在過（**參考書目 23**，p.
3）。

應當承認，羅普先生的看法是公允客觀
的。首先，跨文化交流的主要目的不是去貶
抑、詆毀、取笑他者文化，而是以他人為鏡，
折射出自己文化的不足，更審慎地認識自身
文明，提高它的發展水準（當然發展滯後的
文化更有責任進行批判性自省）。其次，任

何文化在發展過程中都是不斷變化的。和中華文明相比，歐美文明在紀元後的近千年也可以被認爲處於落後荒蠻階段，此後數百年的中世紀被稱爲「黑暗年代」（Dark Ages），其愚昧專制和中國歷史上同期的大唐形成強烈反差。西方文明的大發展始於文藝復興，而此後數百年中華文明則停滯不前，方出現目前兩種文明發展的不平衡。但必須指出的是，這種不平衡和文明本身的先進／落後沒有直接關係，而且在文明的繼續發展中不平衡的局面會隨時改變。對於中華文化來說，要認清自己的不足，擺正自己的位置，提出改進的良策，跟上並融入現代世界文化的發展大潮，這纔是和西方強勢文化交流的意義所在。

三、資本全球化和我們的位置

　　要明確自己的位置，首先要明白自己所處的時代。當今的時代與以往的主要不同在於，各種互不關聯，甚至相互抵觸的社會思潮、文化現象同時並存，使當代的時代特徵很難歸納概括。批評家們試圖用一些術語說明這個特徵，如「後現代社會」、「晚期資本主義」、「後工業社會」等等，但這些術語本身也較含混，涵蓋面也不全面。不過理論家們基本承認，當代社會是資本主義意識型態全面滲透，商業資本全球擴張的社會。由於商品化現象在人類生活、文化、精神領域裡無所不在，原本界線分明的精神／物質現已融合在一起，本民族文化和外來文化參雜成一體，雙方的區別越來越難分辨。「今天我們已很難判定哪種文化現象是純粹本民

族的和本土的，更難以分辨哪一種商品（清
涼飲料或汽車）同時又是不是文化現象（可
口可樂或豐田廣告）」（**參考書目 45，p.
70**），因為文化和經濟都已經被資本主義意
識型態完全控制，反映的都是後者的思維邏
輯，因此便有了學術界的「終結論」，認為
這是人類發展最終必須遵循的方式：「一切
不同於資本主義現代化，西方現代性的思
想、意識型態、政治體系、文化實驗……均
可以休矣。」（**參考書目 49，p.99**）但是，伴隨
資本意識型態全球化的，則是本土化、民族
化、多中心呼聲的日漸高漲，這就是奈斯比
特 （J. Naisbitt）所稱的「全球化悖論」
（global paradox）即「不斷趨於分離、變
小、地方化、區域化、自治化的呼聲越來越
高，區域性經濟、政治、文化的作用越來越
強。從社會系統結構來講如此，從經濟單元
結構來講亦同——越來越多的中小型、區域
性公司正成為全球化經濟體系中的主宰。」
（**同上，p.98**）但重要的是，這種全球化悖論

的雙方並不是同時出現的。資本的全球一體
化出現的較早，是經濟領域裡的「宏大叙
事」，隨著它的進一步發展纔出現了經濟的
區域化。而且有趣的是，這種零散化、部落
化的出現與後現代主義、後結構主義、甚至
多元文化主義（包括薩伊德的後殖民理論）
的興起幾乎同時，政治取向上也多不謀而
合。因此具有諷刺意味的是，後現代理論自
以爲是的批判意識及對西方形而上傳統宏大
叙事的狂轟濫炸，恰恰符合資本全球擴張的
需要，強化了西方強勢傳統的文化邏輯：
「跨國資本主義的奇特文化邏輯是：必須加
強消費者的『民族』、『本土』意識，纔能
強化他對商品的具體佔有感；必須讓生產者
『心懷全球，立足本土』（think golobally,
act locally），纔能最大限度地使跨國資本
在全球與人類生活的每一個角落立定。」
（**參考書目 45，p.71**）這是因爲跨國公司的經
營方式已經從集權式轉到多國式，資本的流
向也從壟斷集中轉向分散多極，以尋求更大

的發展空間，獲取更多的利潤。對消費者來
說，倡導區域性、獨特性可以提高他們對跨
國公司商品的認同，更加心安理得地消費由
「自己」生產屬於自己的商品。美國學者豪
爾（S. Hall）把這種悖論稱爲資本主義的
新策略：「打個比方，它只能透過地域資
本，利用其他經濟政治精英並在它們的參與
下纔可能取得統治。它不會去取消它們，只
會透過它們從事經營。它必須保持全球化的
整體框架不變，同時又要設法控制這個系
統：就是說，要想辦法在其中保持局部獨立
性。（**參考書目 9，p.219**）」由此可見，悖論的
出現最終還是要服務於資本全球化這個宏大
叙事，無論是多極化、多元化，都是一元霸
權的組成部分，代表的是西方中心的進一步
發展，而不是後現代理論家們自信地認爲
「中心」的削弱，所以史碧娃克纔對後殖民
話語不抱不切實際的樂觀期望。從這個意義
上說，資本全球化與商品局域化並不是悖
論，而是硬幣的兩面，實乃同一件事物。全

球商品文化代表的就是「對商品化的，以享
受──消費爲中心的差異性的培養。」豪爾
以大英博物館爲喻：它集各家文化之精華於
一處，先拿過來，再給它們重新定位（a dis-
and then-re-placement）：

> 它〔大英博物館〕把位於英國核心邊
> 緣的，非英國的差異進行組織，使後者
> 反過來得到這個核心的界定和牢固的
> 定位，然後它（用英語）替這個第三世
> 界説話，使它受到英國式的分類，得到
> 英國系統的評判。因此，大英博物館實
> 際上是個象徵，表明被殖民化的世界是
> 如何被一個限制牢固的殖民核心所了
> 解──即被它進行再現與建構（**同上，
> p.221**）。

　　由此可見，中心化需要非中心化的存
在，一元主義需要多元文化的陪襯，以便更
明顯地突出前者的合理合法性。跨國資本雖
然實行區域經營，但它纔是經營的眞正核

心；資本主義意識型態鼓勵眞理的局域化，但它仍然是眞理眞正的主宰。正像時下的國際互聯網路（internet）一樣，一個個局域網遍布世界各地，看上去獨立存在，獨立運作，平等參與，實際上卻受到隱在的網絡中心的控制：沒有美國互聯網不可能運作。

　　在這種後現代氛圍之下，中國是不是也要搞文化的局部化、非主題化、主體離心化呢？首先需要說明的是，這裡的「中國」指的是中國大陸，因爲港臺社會後現代程度接近歐美，而大陸的情況很不相同。雖說近年沿海區域經濟起飛，但內陸省份仍然較滯後，地區貧困現象甚至十分普遍，因此大陸的情況比較複雜、特殊，不能簡單套用西方模式。其次，由於中國不是眞正意義上的「殖民地」，所以不必要照搬巴巴（H. Bhabha）所稱的「反現代化」（contra-modernity）。巴巴認爲現代化是西方的產物，強加給殖民地人民，使公民喪失自由權，國家喪失主權，民族喪失文化權，所以必須

加以抵制。對於大陸來說，更需要的倒是西方現代化中的積極因素，即科學和理性，以儘快提高生產力，擺脫貧困狀況，增強國家的整體實力。因此，對大陸現代化與後現代性關係的思考就顯得十分重要，因爲後現代性主要指對現代性的反撥，是西方意義上的反現代化，選擇走哪一條路關係到大陸今後如何發展，所以引起知識界的激烈爭論。比較有代表性的一種看法（曾曉鵬先生稱爲「知識界對現代性的人文批判」〔**參考書目21，p.12**〕）是：要辯證地看待現代化。他們認爲中國的發展與西方存在「時間差」（time-lag）和「時代差」（epochal difference），即雙方的發展階段不同，因此現代化本身是個多時性、多空間的過程，各國現代化進程有快有慢，不能一刀切。西方對現代化的反抗出於後者帶來的不良後果：環境污染，生活狀況惡化，異化現象嚴重，及科技發展帶來的毀滅性效果。而大陸（八〇年代）仍然處於前現代化階段，仍然需要「工

具理性」的支持，需要扶植現代性的科學、
進步、理性、發展等觀念，以提高國民的知
識水準和國家的經濟發展水平。因此，大陸
需要現代主義的「宏大叙事」（大陸稱「主
旋律」），需要現代化經濟建設和文化建
設，後殖民理論的「反現代性」和後現代主
義的非中心化至少目前不適合大陸實情**（同
上，pp.18－9）**。大陸需要經濟、政治、文化、
思想觀念上的現代化更新，而港、臺及東南
亞經濟起飛地區也仍然需要東方文化這個根
本，需要儒家學說的主導，從這個意義上說，
中國乃至大部分亞洲地區對後殖民、後現代
的非中心論、多元化思想是有保留的，而西
方理論界對亞洲仍然談論「民族主義」、
「文化凝聚力」也視爲「冒天下之大不韙」
（參考書目 49，p.102），兩種文化間由此引起
的衝突近來也屢屢發生。

　　東西方文化對現代化發展進程的不同看
法及對各自文化內核的堅持再次表明，文
化、傳統、意識型態的對抗在後現代社會仍

然不可避免。薩伊德在提出後殖民理論的初
期曾說過，他的目的不僅只是批判西方強勢
話語對第三世界文化的誤現誤徵，最終目的
是達到文化間平等公允的交流和對話，這也
是絕大多數文化研究者的共同理想。但迄今
為止這還是「理想」而已，因為文化間的交
流一直就是權力鬥爭，是霸權／反抗交互作
用的過程，西方文化在世界的霸主地位一直
沒有改變。儘管解構主義對西方形而上傳統
進行了猛烈攻擊；後現代理論對真理的虛幻
性做了無情的揭示；多元文化（包括後殖民
理論）對西方文化中心論提出了有力的挑
戰，歐美在人文、科技領域的中心地位並沒
受到絲毫影響，西方話語（人權、民主、自
由）仍然是主導話語，西方強國在與第三世
界的交往中仍然我行我素，不時顯出霸權、
欺壓的痕迹，對這一切第三世界只能無可奈
何地予以承認。因此有的學者明確表示，故
棄本土文化的宏大敘事，就不可能在跨文化
交流中受到「公平」待遇，而絕對公允平等

的文化間交流實際上不可能實現。

　　所謂眞正的虛懷若谷的對待西方文學
　　的接受實際上往往又都有相當的武斷
　　和偏見包含其中。文化的隔膜並不因爲
　　我們有了寬闊的胸襟就自行消失。以
　　「東方主義」或「西方主義」而言，也
　　許最好的主義是在消除了偏見之後誕
　　生的主義。然而要消除「東方主義」或
　　「西方主義」的偏見，要客觀或有效地
　　解讀對方，就意味著要眞正地完全地
　　「溶入」東方或者西方。這顯然是不可
　　能的，在中國的西方通或在西方的東方
　　通那裡都不可能做到……我們需要清
　　除的，正是一種關於文化大同或者文學
　　大同的幻想。因爲這種幻想往往引導我
　　們去追求虛無飄渺的中西溶匯的境界，
　　一種不可能產生的世界文學的共享之
　　夢（**參考書目 60，**pp.224－5）。

從哲學的角度說，沒有「差異」的確就

不會有「交流」。但是保持文化的差異性並
不等於固守對其他文化的偏見，打破不同文
化間的隔閡並不一定非要具有「中西文化大
同」的夢想，了解對方文化也並不意味著要
「完全」溶入其中。因此，把文化交流極端
化、理想化反而有礙文化間的相互交往。其
實，要實現在較爲公平的基礎上進行跨文化
交流，既需要正確地看待自己的文化，也需
要公允地評價他人的文化。有學者指出，文
化交流中的霸權和不平等部分也源於上世紀
末德國社會學家韋伯（M. Weber）的文明
檢視雙重標準論。韋伯在分析西方現代文明
時使用的是文明批判尺度，對現代化及其在
西方的表現持否定態度；但他在《儒教與道
教》一書中卻用現代化合理主義這個尺度衡
量非西方文明。這種雙重標準（對自己文明
使用文明論的「特殊主義」，對其他文明使
用現代化的「普遍主義」）後來成了西方文
明自現和再現其他文明的「唯一尺度」，結
果便是忽視其他文明的特殊性，強行用西方

的現代化標準衡量，得出不同文化間的強／弱結論。文化判斷雙重標準不僅只限於西方，而且已經滲透進所有強勢文化，成了它們的思維定式。如哈佛大學酒井直樹 (Saka Rukl) 教授就指出，自明治維新以來，日本學者對西方文化一直強調日本文明的「特殊性」，但在對待週邊亞洲各國時，卻用「現代化發展程度」來衡量他們的文化，所以得出中國「國民性」落後，需要日本去改造，並提出「大東亞共榮」來實現對亞洲各國的「現代化解放」（**參考書目 42，pp.61－3**）。

採用同一標準清醒地估價自己的文明，正確地看待他人文明，這是不同文明間交往的一個基本準則，也能在原則上確保跨文化交流中的平等。但是「對自己的現代性經驗」進行自我整理、自我認識、自我反思主要是針對強勢文化而言的，因為弱勢文化不可能用雙重標準使弱變強（當然廣義上任何文化都有責任防止使用雙重標準作為欺壓他者的理由）。對後者來說，當務之急還是如

何在雙重標準的壓迫之下保全自己文化身份
和文明的「特殊性」，而這方面薩伊德的後
殖民理論對我們仍然有借鑒作用。近一兩年
大陸青年中出現了一股對西方文化霸道作法
的強烈抵觸情緒，這當然直接源自大陸本身
實力的增強和西方對大陸的遏制性誤現增
多，但也和多元文化、後殖民思潮的影響有
很大關係。一九九六年五月大陸出現一部轟
動一時的書：《中國可以說不——冷戰後時
代的政治與情感選擇》。作者是五位三十歲
左右的職業青年，沒有政治、學術背景。書
名來自此前出版的兩部書：《日本能夠說
不》（日本學者盛田昭夫等著）和《可以說
不的亞洲》（馬來西亞政治家馬哈蒂爾
〔Mahathir〕著）。此書一版印刷五萬冊，
很快銷售一空，三個月後加印三萬冊，讀者
大多爲青年學生和中年知識階層。此書的
「前言」可以看作是這些年輕人心態的反
映：

中國說不，並不是尋求對抗，而是要在
平等的氛圍下尋求對話……而以美國
為首的西方國家裡那些懷念冷戰時代，
熱衷於制訂「對抗」和「遏制」政策
的政客們應該明白，他們已經使中國人
特別是中國青年厭煩、反感到了極點。

有必要給出如下結論：

美國人誰也領導不了，它只能領導
它自己；

日本人誰也領導不了，它有時連自
己都無法領導；

中國誰也不想領導，中國只想領導
自己。（**參考書目 50，pp.2－3**）

儘管美國主要媒體對此書的出版很關
注，派出記者在大陸隨機採訪，結果顯示大
陸青年心態和此書描寫的基本相似，但從嚴
格意義上說這部書並不是學術著作，其中大
部分文章屬於觀感性心理反應，而不是深層
次的文本分析。倒是書中收錄的美國前總統

卡特（J. Carter）的國家安全事務助理布里
辛斯基（Z. Brzezinski）的文章「全球不平
等現象」很值得思考。布氏首先給冷戰結束
之後西方世界的沾沾自喜潑了冷水：前蘇聯
集團的垮臺確實是西方意識型態的偉大勝
利，但它說明的只是蘇聯集團內部體制的不
完善，而不是西方意識型態的完美無缺：

> 建立在自由市場體制基礎上的民主似
> 乎在當前取得了勝利，但是它的勝利主
> 要是由於共產主義的失敗，而不是由於
> 它成功地表明（西方式的）民主理想
> 放之全球而皆準……西方文化中的享
> 樂主義生活方式似乎並不是自由市場
> 內在優越性的明證，而主要是更廣泛的
> 全球性不平等的結果，所以更應當說，
> 在意識型態衝突中民主制度的勝利是
> 以美國為首的聯盟對蘇聯集團的勝利，
> 而不是民主理想本身在全球的勝利。誠
> 然，這場勝利的意識型態內容是不可否

認的，但那個在全球取得徹底勝利的民
主理想在哲學上則是膚淺的（**同上，**
pp.368－9）。

　布氏這個看法很尖銳：西方文化的勝
利，全球資本的擴張，並不說明西方政治體
制本身優於其他體制；甚至它仍然尙不理
想：它鼓勵物欲過度膨脹，無力抑制個人感
官衝動，造成人際關係淡漠，忽視人的社會
責任感。它的成功有賴於「全球性不平
等」，即西方在政治權力、物質財富、資源
佔有上擁有絕對壟斷地位。布氏認爲這種不
平等已經相當嚴重：世界人口按目前的增長
速度在二〇二五年將達到八十五億，而六十
五億將居住在窮國，其中三分之二集中在貧
民窟。他引用聯合國近年的統計：六〇年代
世界貧富收入差距是三十倍，九〇年代拉大
到一百五十倍。富國六十五歲以上人口增長
速度還是大於窮國，十五歲以下人口增長速
度則緩慢得多。這表明，由於貧困化加劇和

現代傳媒日益先進，大批窮國青年將會在世界政治中日益活躍，甚至可能鋌而走險，給西方造成威脅。形成對照的是大陸的發展。按世界經濟指標衡量大陸目前仍屬窮國，但自八〇年代起國民生產總值一直以年百分之十的速度遞增，相當於當年日、韓、臺的發展速度，若持續到二〇一〇年，將成為繼美、歐、日之後的世界第四大經濟強國（**同上，pp. 370－9**）。

客觀地說，布氏的推斷中猜測的成分很多；誰能保證一個國家可以連續三十年保持如此高的經濟增長？誰能料到大陸乃至世界的政治形勢在未來十餘年間不會發生大的動盪？或許西方強國的經濟增長會明顯加快等等。但布氏的「全球化觀照」不能不使我們思考一下中國在後殖民後現代社會中應當採取的態度，這就是本節最後要談的問題：民族主義。

民族主義中的「民族」指的是「民族國家」（nation-state），而不是廣泛地指享有

共同語言、地域、經濟生活或文化心理素質
的人類羣體。作爲基本的國際政治單位，民
族國家形成於中世紀之後的歐洲。在經歷過
如英法百年戰爭、西班牙收復失地、俄羅斯
驅逐蒙古人等民族戰爭之後，國家在民族的
基礎上纔逐漸得到普遍認同，民族也藉國家
的名義保護自己的利益。在歐洲近代史上民
族主義起到重要作用：它凝集民族的力量，
保護並追求本民族的發展，抵禦外族強勢的
壓迫，爲歐洲現代化提供了初始動力（在民
族主義的保護下，民族國家透過獨立發展相
互間拉開了差距，產生了競爭，促進了現代
文明的發展）。由歐洲的民族主義引起的文
明現代化很快影響到其他地區：「現代化向
全球擴張的過程迫使全世界都以民族主義的
方式來實行現代化，即由民族組成國家，由
國家保護本民族的發展，而以民族國家爲單
位實行現代化……一個地區，如果最終不出
現以現代意義的『民族』爲基礎的新型的
『民族國家』，它的落後、被動與不發展狀

態就很難改變。（**參考書目 51，p.6**）」

　　民族主義不僅只是民族國家現代化發展
的推動力量，它還是強大的「黏結劑」，以
保持民族的向心力，維護國家的獨立和完
整，在遭遇外敵入侵時這種情況最為明顯：
抗戰時期中國政府與民眾「同仇敵愾」；英
國首相邱吉爾（W. Churchill）在德軍入侵
的危急時刻要全國「團結一致，共赴國
難」；戴高樂將軍（C. de Gaulle）在巴黎
淪陷後向法國人民廣播呼籲：「法蘭西並未
敗落！」甚至在冷戰時代，甘乃迪（J. F.
Kennedy）在總統就職演說中也在激勵民族
主義（「我的美國同胞們，請別問國家能為
你們做些什麼，問一下你們能為國家做些什
麼」）（**參考書目 38，pp.420,468,502**）。民族
主義揭示的道理很簡單：沒有國家的獨立就
沒有民族的生存；「皮之不存，毛將焉
附」。在後現代社會，面對強勢文明的精神
「入侵」，強勢文化的蠻橫霸道，民族主義
也在一定程度上有正面作用。它可以強化民

衆對本族文化的信念，保持民族文化、文明的身份，抵制強勢的誤徵扭曲，維護發揚自己的民族傳統。在文明、文化的交流中完全忽視民族主義，就會出現前面薩伊德對阿拉伯國家及其知識界所批評的那種情況：忽略甚至遺忘本民族文化，人心渙散，無心進取，居安不思危。學術上則盲目崇歐美，以東方主義取代東方文化和東方文明，把東方人身份的界定交給西方學術機構和傳媒。上文論及的大陸青年一代對西方的批評，根本上也是民族主義的表現，它之所以在大陸引起如此大的反響，也是民族主義「黏結」的結果。

民族主義雖然可以加快國家的現代化，加強民族的團聚力，卻也有負面性質，會造成不良後果。這是因爲「從本質上說，民族主義都是利己主義的，它以追求本民族的利益爲目標，因此不可能帶有利他主義的動機。然而當每個民族都以本民族的利益爲最高追求目標時，民族間的衝突便難以避

免。」（**參考書目 51，p.6**）由盲目追求本民族
利益而導致民族主義失去控制並最終引發戰
爭的悲劇，全世界是再熟悉不過了：兩次世
界大戰的一個重要原因就是個別國家膨脹的
民族主義；希特勒的演講之所以能鼓動千百
萬德國人，靠的也是大德意志主義；二戰期
間駭人聽聞的排猶反猶浪潮，根據的也是亞
利安種族優越論。盲目的民族主義不僅對強
勢民族具有危險性，對弱小民族也有害。清
末的義和團反抗就是典型的民族主義表現，
動機雖好，卻過於盲目，反而授人以柄。對
於國家政權來說，過分的民族主義會導致權
力的獨裁，政府的專制。薩伊德曾指出，民
族主義在二十世紀反帝反殖，爭取民族獨立
國家解放的運動中功不可沒，「不論是菲律
賓或非洲大陸或印度次大陸、阿拉伯世界、
加勒比和拉美地區、中國或日本，當地人民
聚集在獨立之下，民族主義團體基於種族、
宗教、社區身份感，團結起來反抗西方的侵
略……反抗他們認為受到的不公正待遇：僅

僅因為他們不是西方人」。但更加重要的
是，在獲得民族獨立之後如何防止自己重蹈
西方民族主義以前對自己犯下的罪行。典型
的反面例子就是烏干達前總統阿敏 (I.
Amin) 在國家獨立之後驅趕外僑，屠殺國
人的獨裁統治，和伊拉克總統海珊 (S. Hus-
sein) 以民族主義為由吞併科威特。要防止
狹隘的民族主義，就需要薩伊德稱之的「民
族自我批判」精神，防止「愛國主義名義下
的民族主義」 (patriotic nationalism)：
「要防止目光短淺的分離主義，自我陶醉式
的口號，代之以不同文化、人民、社會之間
更大更廣泛的人類生活現實。(**參考書目 31，
pp.262－4**)」

　　在跨文化交流中，民族主義也有相似的
負面影響。表現之一，就是狹隘的文化／文
明覓，沉迷在本民族傳統過去的輝煌成就之
中，不願、不屑甚至拒絕正視面前的嚴峻現
實。鴉片戰爭之後的中國近代史上發生過多
次除陳廢舊、西學圖興、科學救國的努力，

但均以失敗告終，一個主要原因就是對民族
主義的過分偏執，國人（尤其是統治層）心
理上帶有「天朝大國一切古之有之的得意和
唯我精神文明最高的自信」，實際是害怕會
改變中華文化的價值觀和審美情趣，失去中
華傳統的身份。對本民族文化盲目自信的深
層心態其實說明在強勢文化進攻面前缺乏自
信心，「一種觀念體系失散、失落後的虛弱
和簡單保護的抗拒。**（參考書目 43，pp.4－
5）**」其結果便是失去對本文化／文明進行
現代化的目標，不但保不住過去的輝煌，還
導致未來較長時期的發展滯後。這也許可以
解釋日本與中國同時受到西方文化的衝擊，
為什麼結果卻不大一樣。這種狹隘民族主義
心態在大陸也有表現，如對西方文化（影
視、書刊、生活方式，甚至互聯網絡）的滲
透感到恐懼，對國內藝術表現方式的西方化
感到憤怒，甚至對它們的西方獲得的成功不
屑一顧。這種心態發展到極端便是走回閉關
自守的老路。文化民族主義的另一種表現就

是對其他文化的有意誤現，作爲防禦手段以
突出本文化的優勢，在西方這是「東方主
義」，在東方則是「西方主義」。葛蘭西早
就指出，支配／被支配並不反映勢力必然的
強與弱，弱者同樣可以顚覆強者而取得區域
性支配權（**參考書目 61，pp.37－8**）。但是如果
弱者濫用支配權，就會產生新的文化霸權，
重蹈強勢的覆轍。從這個意義上說，壓迫／
被壓迫並不是同一事物相隔遙遠的兩極，它
們的距離其實近來咫尺。近來大陸學者批評
一些國產影片誤徵西方就是告知國人要防止
狹隘的民族主義。其實，不同文化／文明間
存在共通、共同的美感、認識，即使同一民
族的特徵也不是固定不變，因此對待他人文
化必須胸襟開闊，看待自己文化也要持發展
的眼光。此外據學者考證，漢語中的「民族
主義」一詞也是從日本引進的舶來品，是明
治時期白人翻譯nationalism而創造出的漢
字詞組（**參考書目 47，p.4**），可見文化的交流
無時無處不在，正確的態度是既保持本民族

文化的特色，又在平等的基礎上和其他文化展開對話，汲取他人的精華，剔除本民族文化的糟粕，從民族主義（nationalism）走向多民族主義（multi-nationalism），融入世界文化的主流（internationalism），這也許是薩伊德後殖民理論對我們最重要的啟示。

結束語

　　有學者認爲，隨著資本全球化的發展，民族國家會漸漸消失：現代通訊和電腦網絡把世界聯成一體，各國政府對之無奈；跨國大機構（聯合國、世界貿易組織〔WTO〕、世界銀行等）權力超越政府管轄範圍；非政府組織（綠色和平組織〔Greenpeace〕、大赦國際〔Amnesty International〕及各類環保、動物保護組織）正步入世界講壇；區域民族地區（Subnational regions 如臺、港、南韓）在國際組織中有自己的代表；少數民族、種族、宗教團體也要分享權力（聯合國一九九一年有一百六十六個成員國，現有一百八十五個），區域、行業組織（歐洲聯盟〔EU〕、東盟〔ASEAN〕、石油輸出國組織〔OPEC〕）作用日顯……結果似乎世界「眞正進入了一個多元共生的時代，一個沒有主流，沒有中心，沒有權威的時代，一個多種話語相互競爭、彼此平等對話的時代。」（**參考書目 57**，p.54）這是種較爲樂觀的看法，但是理想化成分較多，或多或少掩

蓋了仍然存在的文化、文明、思潮之間激烈
的衝撞、鬥爭，更無法解釋現實政治中霸
權／反霸權有增無減，愈演愈烈的事實。

第三世界學者認爲：「全球性的市場並
沒有創造全球性社會」，因爲「〔儘管〕全
球化正創造出巨大的財富，但那些不情願介
入或技術上落後的國家……面對的卻是邊緣
化」（*International Herald Tribune*, Apr.
4, 1997）。因此，文化政治界對未來感到憂
心忡忡者大有人在。美國一位政治學權威曾
「悚人聽聞」地預言，未來全球的衝突是不
同文化文明間的衝突，最壞的情況就是「儒
教國家與伊斯蘭國家結盟，西方對抗非西方
的局面將代替意識型態衝突，東方文化將是
西方下一次的打擊對象。（**參考書目 48**，p.
91）」布里辛斯基則從另一個角度表達了相
似的擔憂：貧富差距的加大將使未來的世界
對抗更加劇烈，因爲龐大的貧困群體不甘心
長期忍受政治、經濟不平等，期待世界發生
某種重大變化：

　　政治上覺醒的人類在朦朧地渴望其未
來有某種明確性，渴望有某種爲人類普
遍接受的正義標準，全球地緣政治動態
正與這種渴望相互作用。這種狀況不僅
使人畏懼，它也有理由使人們擔心，全
球混亂的困境可能成爲形成新世紀的
決定因素**（參考書目 50，p.380）**。

　　從當今世界政治的發展來看，這種擔心
並非毫無根據，因此在思想上理論上對未來
的文化衝突、秩序混亂有所思考、準備十分
必要。對於東西方文化來說，記住薩伊德的
教誨或許對雙方都有益：在文化、文明的交
流中，保持自己的民族身份，承認其他民族
的優秀傳統，批判其他文明的文化霸權主義
做法，同時也批判地自省自身文明的文化行
爲。果眞如此，多元文化、平等相處或許就
會成爲未來美好的現實。

參考書目

英文

1. Adams, Hazard ed., *Critical Theory Since Plato,* (New York: Harcout Brace Jovanovich Inc., 1971)

2. Adams, Hazard & Searle, Leroy eds., *Critical Theory Since 1965* (Tallahassee: University Press of Florida, 1922)

3. Agger, Ben, *Cultural Studies as Critical Theory* (London, Washington, DC: The Falmer Press, 1992)

4. Atkins, G. Douglas & Johnson, Michael L. eds., *Writing and Reading Differently* (University of Kansas Press, 1985)

5. Armstrong, Nancy & Tennenhouse, Leonard eds., *The Violence of Representation, Literature and the History of Violence* (London & New York: Routledge, 1989)

6. Belok, Michael V. ed., *Post Modernism, Review Journal of Philosophy and Social Science,* vol. xv, No.1 & 2 (India: ANU Books, 1990)

7. Bond, Michael Harris, *Beyond the Chinese Face, Insights from Psychology* (Hong Kong: Oxford University Press, 1991)

8. Brontë, Charlotte, *Jane Eyre* (New York: Airmont Books: 1963)

9. Buell, Frederick, *National Culture and the New Global System* (Baltimore & London: The Johns Hopkins University Press, 1994)

10. Collier, Peter & Geyer-Ryan, Helga

eds., *Literary Theory Today* (Cambridge: Polity Press, 1990)

11.Davis, Robert Con & Schleifer, Donald eds., *Contemporary Literary Criticism, Literary and Cultural Studies* (New York & London: Longman, 1989)

12.Derrida, Jacques, *Positions* (Chicago: The University of Chicago Press, 1981)

13. During, Simon ed., *The Cultural Studies Reader* (London & New York: Routledge, 1993)

14.Eagleton, Terry, *Literary Theory, An Introduction* (Minneapolis: University of Minnesota Press, 1985)

15.Foucault, Michel, *The Archaeology of Knowledge and the Discourse of Language* (New York: Pantheon Books, 1972)

16.Fowler, Roger ed., *A Dictionary of Modern Critical Terms* (London &

New York: Routledge, 1990)

17.Hoggart, Richard, *The Uses of Literacy, Aspects of working-class life, with special references to publication & entertainments* (London: Chatto & Windus, 1967)

18.Jameson, Fredric, *The Prison-House of Language* (Princeton: Princeton University Press, 1972)

19.Leitch, Vincent B., *American Literary Criticism, from the Thirties to the Eighties* (New York: Columbia University Press, 1988)

20.Lodge, David ed., *20th Century Literary Criticism* (UK: Longman Group Ltd., 1972)

21. Lu, Sheldon Hsiao-peng, *Postcolonialism? Alternative Modernity? Or Postmodernity? Mapping the Discourse of Chinese Modernity* （作者任教於匹茨

堡大學，本文是他1996年提交的論文手稿）

22.Mack, Maynard et. eds., *The Norton Anthology of World Master-pieces* (New York & London: W.W. Nort on & Company, 1979)

23.Ropp, Paul S. ed., *Heritage of China, Contemporary Perspectives on Chinese Civilization* (Oxford et.: University of California Press, 1990)

24.Said, Edward W., *Joseph Conrad and the Fiction of Autobiography* (Cambridge, Massachusetts: Harvard University Press, 1966)

25.——*Orientalism* (New York: Vintage Books, 1979)

26.——ed., *Literature and Society* (Baltimore & London: The Johns Hopkins University Press , 1980)

27.——*The Question of Palestine* (New

York: Vintage Books, 1980)

28.——*Covering Islam, How the Media and the Experts Determine How We See the Rest of the World* (New York: Pantheon Books, 1981)

29.——*The World, the Text, and the Critic* (Cambridge, Massachusetts: Harvard University Press, 1983)

30.——*Beginnings, Intention and Method* (New York: Columbia University Press, 1985)

31.——*Culture and Imperialism* (London: Chatto & Windus, 1993)

32.——*Representations of the Intellectual, the 1993 Reith Lectures* (New York: Pantheon Books, 1994)

33. Scholes, Robert, *Structuralism in Literature--An Introduction* (New York & London: Yale University Press, 1974)

34.Spivak, Gayatri Chakravorty, *Outside in the Teaching Machine* (New York & London: Routledge, 1993)

35.Veeser, H. Adam. ed., *The New Historicism* (New York & London: Routledge, 1989)

36.——ed., *The New Historicism Reader* (New York & London: Routledge, 1994)

37.Dawson, Raymond, *The Chinese Experience* (Weiderfeld & Nicolson Press) （金星男譯：《中華帝國的文明》，上海：上海古籍出版社，1994）

38. 石幼珊編：*100 Famous Speeches*，香港：商務印書館香港分館，1986

中文

39.陳爲仁：《勞力貿易──拐騙擄掠華工的罪惡勾當》，北京：中國華僑出版社，1992

40.陳炎：《海上絲綢之路與中外文化交流》，北京：北京大學出版社，1996

41.韓加明：〈論後現代時期美國文壇的政治批評〉，《外國文學評論》，1996.2

42.韓毓海：〈「中國」：一個被闡釋著的「西方」〉，《上海文學》，1996.3

43.郝建：〈義和團病的呻吟〉，《讀書》，1996.3

44.何文敬，單德興編：《再現政治與華裔美國文學》，臺北：中研院歐美所，1996

45.劍平：〈文學批評的非歐幾何學〉，《讀書》，1995.2

46.李歐梵，汪暉：〈什麼是「文化研究」？〉，《讀書》，1994.7

47.劉禾：〈理論與歷史，東方與西方〉，《讀書》，1996.8

48.劉康：〈文化的喧嘩與對話〉，《讀書》，1994.2

49.劉康：〈全球化「悖論」與現代性「歧途」〉，《讀書》，1995.7

50.宋強等：《中國可以說不——冷戰後時代
　的政治與情感選擇》，北京：中華工商聯
　合出版社，1996

51.錢乘旦：〈我們如何看待民族主義〉，南
　京大學《學術新論》1996.2

52.蘇宏斌：〈走向文化批評的解構主義〉，
　《外國文學評論》，1996.1

53.陶潔：〈對「批評理論」的批評〉，《讀
　書》，1995.11

54.王逢振：〈什麼是「Discourse」？〉，
　《文藝理論與批評》，1994.2

55.王逢振：〈後現代時期的第三世界作
　家〉，《國外文學》，1996.2

56.王景化：《走進東方的夢——美國的中國
　觀》，北京：時代出版社，1994

57.王寧：〈東方主義、後殖民主義和文化霸
　權主義批判〉，《北京大學學報》，1995.
　2

58.王寧：〈文化研究：西方與中國〉，《國
　外文學》，1996.2

59. 王曉路：〈文本的歷史性與歷史的文本
　　性〉，《外國文學評論》，1996.2

60. 易丹：〈超越「殖民文學」文化困境的再
　　思考〉，《中外文化與文論》，成都：四
　　川大學出版社，1996

61. 張頤武：〈文化研究與中國的現狀〉，
　　《國外文學》1996.2

62. 鄭敏：〈解構主義與文學批評〉，《外國
　　文學評論》，1990.2

63. 鄭師渠：《中國近代史》，北京：北京師
　　範大學出版社，1994

64. 朱剛：《詹明信・Fredric Jameson》，臺
　　北：生智出版社，1995

65. 朱剛：〈評詹姆遜的「元評論」理論〉，
　　《當代外國文學》，1997.1

【文化手邊冊】

單本價格每本定價 NT：150 元

這是揚智文化事業成立近十年來最具強勢性的書

《胡雪巖傳奇〔上〕— 異軍突起》
《胡雪巖傳奇〔中〕— 縱橫金權》
《胡雪巖傳奇〔下〕— 紅頂寶典》　徐星平著

三本不分售　定價 500 元　特價 399 元

另有名人推薦，為這一套書推波助瀾，在此特別重申致謝之意：

台灣大學教授　張國龍博士
彰化師範大學教授　張火燦博士
名專欄作家　孟樊先生
三采建設總經理　黃培源先生
台灣大學政治系教授　李炳南博士

所謂──

人事有代謝，注來成古今。

俗諺有云：「蓋棺論定」，歷史會為古今名人下一定論，然而胡雪巖一生的傳奇性色彩 — 他的：崛起於人賽、錢莊王國、紅粉佳人（十二金釵）、胡慶餘堂雪記國藥號、官商關係、軍火崢嶸乃至於最後的官場覺迷；都使得他毀譽參半而難以評說。

羅 逖
Richard Rorty

作者: 張國清
定價: NT.150
ISBN: 957-8637-11-X
CIP: 〔146〕
電腦編碼: F2003
當代大師系列 03

羅逖，是當代美國最重要的哲學家之一。其暢導的反再現論和後哲學文化觀的影響力已經遠遠地超出了學術爭論的範圍，越出了美國國界，而且其所指出的問題具有世界性的普通文化現象的意義。羅逖哲學為未來世界多元化現實提供了很好的哲學論證，蘊含著一種世界和平主義的理想，並預示了東西方文化在更加寬泛的範圍裡，實現融合的理論前景和實際可能性。台灣知識界有必要好好認識這位當代重量級的

傅 柯
Michel Foucault

作者: 楊大春
定價: NT.150
ISBN: 957-8637-12-8
CIP: 〔146〕
電腦編碼: F2004
當代大師系列 04

　　傅柯，一位古怪，孤獨，追求自由，具有批判精神的思想家，他勤於思考與寫作，著述豐富，思想更是獨具魅力。傅柯對知識結構進行的考古學和系譜學分析是針針見血的；他研究了癲狂，疾病和知識型等問題，因而發現精神病學和瘋人院誕生的秘密，揭露了現代人道主義的虛偽，也發現在思想史上存在著「知識型」的結構性變遷；本書對傅柯思想的全貌有深入淺出的介紹，是一本極佳的「傅柯學」入門書。

詹明信
Fredric Jameson

作者：朱剛
定價：NT.150
ISBN：957-8637-07-1
CIP：〔810〕
電腦編碼：F2005
當代大師系列 05

　詹明信，當今美國西馬文評的主要人物。自70年代樹立了他獨特的理論之後，影響力與日俱增，逐漸成為北美最重要的馬克思主義理論家，文化批評家之一。他的理論涵蓋面相當廣，頗具哲學深度，把馬克思主義原理與西方文化結合得頗為成功，所以被視為是60年代馬克思主義文藝批評興起之後高峰期的代表人物。在台灣知識界，他的知名度很高，卻從無對之加以研究的專著，本書之出版，彌補了這個缺憾。

海德格
Martin Heidegger

作者：滕守堯
定價：NT.150
ISBN: 957-8637-14-4
CIP: 〔147〕
電腦編碼: F2006
當代大師系列 06

　　海德格，二十世紀最有影響力的哲學家，思想家之一。他的『存在與時間』對西方傳統哲學造成空前的震擊，他對「人類中心主義」的強烈批判，對現代工業社會造成自然環境的破壞的預言，對人在現代社會中注定被異化的命運的描述，成為現代社會的醒世恆言。他的詩意的隱居，他的深刻的思想和向東方哲學的靠攏，對西方的現代哲學家起了極大的啓發作用。本書的論述，很適合初學者一窺大師的堂奧。

薩伊德　　　　　　　　**當代大師系列 10**

著　　　者／朱剛
編輯委員／李英明、孟樊、陳學明、龍協濤、楊大春
出 版 者／生智文化事業有限公司
發 行 人／林新倫
總 編 輯／孟樊
登 記 證／局版北市業字第 677 號
地　　　址／台北市文山區溪洲街 67 號地下樓
電　　　話／(02)2366-0309　2366-0313
傳　　　真／(02)2366-0310
E - m a i l ／ufx0309@ms13.hinet.net
印　　　刷／科樂印刷事業股份有限公司
法律顧問／北辰著作權事務所　蕭雄淋律師
初版二刷／1999 年 3 月
定　　　價／新台幣 200 元
郵政劃撥／14534976
I S B N ／957-8637-46-2

北區總經銷／揚智文化事業股份有限公司
地　　　址／台北市新生南路三段 88 號 5 樓之 6
電　　　話／(02)2366-0309　2366-0313
傳　　　真／(02)2366-0310
南區總經銷／昱泓圖書有限公司
地　　　址／嘉義市通化四街 45 號
電　　　話／(05)231-1949　231-1572
傳　　　真／(05)231-1002

國家圖書館出版品預行編目

薩伊德 / 朱剛著 --初版--臺北市;生智
,1997[民 86]
面 ; 公分 -- (當代大師系列:10)
參考書目 : 面
ISBN 957-8637-46-2 (平裝)

1 薩伊德 (Edward W. Said , 1935) --
學術思想 – 哲學

145.59   86006888